Dr. Jim B. Tucker

com um prefácio do
Dr. Ian Stevenson

VIDA ANTES DA VIDA

UMA PESQUISA CIENTÍFICA DAS LEMBRANÇAS QUE AS CRIANÇAS TÊM DE VIDAS PASSADAS

Tradução
GILSON CÉSAR CARDOSO DE SOUSA

Revisão técnica
ADILSON DA SILVA

EDITORA PENSAMENTO
São Paulo

Título original: *Life Before Life.*

Dados Internacionais de Catalogação na Publicação (CIP)
(Câmara Brasileira do Livro, SP, Brasil)

Tucker, Jim B.
Vida antes da vida : uma pesquisa científica das lembranças que as crianças têm de vidas passadas / Jim B. Tucker com um prefácio do Dr. Ian Stevenson ; tradução Gilson César Cardoso de Sousa ; revisão técnica Adilson da Silva. — São Paulo : Pensamento, 2007.

Título original: Life before life.
Bibliografia.
ISBN 978-85-315-1505-7

1. Memórias nas crianças — Miscelânea — Estudos de caso 2. Reencarnação — Estudos de caso I. Stevenson, Ian. II. Título.

07-6392 CDD-133.90135

Índices para catálogo sistemático:
1. Reencarnação : Lembranças : Espiritismo 133.90135

O primeiro número à esquerda indica a edição, ou reedição, desta obra. A primeira dezena à direita indica o ano em que esta edição, ou reedição, foi publicada.

Edição	Ano
1-2-3-4-5-6-7-8-9-10-11	07-08-09-10-11-12-13-14

Direitos de tradução para o Brasil
adquiridos com exclusividade pela
EDITORA PENSAMENTO-CULTRIX LTDA.
Rua Dr. Mário Vicente, 368 — 04270-000 — São Paulo, SP
Fone: 6166-9000 — Fax: 6166-9008
E-mail: pensamento@cultrix.com.br
http://www.pensamento-cultrix.com.br
que se reserva a propriedade literária desta tradução.

VIDA ANTES DA VIDA

Para Chris

SUMÁRIO

PREFÁCIO DO DR. IAN STEVENSON

Numerosos autores já escreveram sobre a reencarnação, quase sempre afirmando-a, e alguns deles até se propuseram a descrever seus processos. Alguns, entretanto, consideram a idéia da reencarnação absurda. Poucos parecem interessados na questão das evidências a favor ou contra a reencarnação.

Jim Tucker escreveu um tipo de livro diferente. Segundo ele, os indícios são cruciais. Eles amparam ou mesmo forçam a crença na reencarnação?, pergunta o autor.

Podem-se apresentar facilmente objeções à reencarnação: o escasso número de pessoas que realmente alegam recordar-se de uma vida passada, a fragilidade das lembranças, a explosão populacional, o problema mente-corpo, a fraude e muitas outras. Jim Tucker as discute uma por uma, pormenorizadamente. O seu livro não se parece com nenhum outro porque não tem antecessores no gênero.

Achei particularmente impressionante o modo como Jim Tucker guia os seus leitores. O autor pede, quase ordena que raciocinem com ele à medida que descreve e discute cada objeção à idéia de reencarnação. Ele escreve tão bem que chega a convencer o leitor desavisado de que não precisa fazer nenhum esforço. Continue lendo e aprenda que os indícios podem responder — mais cedo do que se esperaria — à pergunta mais importante que podemos fazer a nós mesmos: "O que acontece depois da morte?"

INTRODUÇÃO

Algumas crianças pequenas dizem que já estiveram aqui antes. Fornecem diversos detalhes sobre vidas anteriores, muitas vezes descrevendo como morreram. Sem dúvida, as crianças dizem muita coisa e podemos simplesmente concluir que estão fantasiando, o que de fato fazem com freqüência. Mas e se, em alguns casos, as pessoas que as ouvirem tentarem descobrir se os episódios descritos realmente aconteceram? E se, chegando aos lugares mencionados pelas crianças, essas pessoas descobrirem que as palavras ditas sobre acontecimentos passados eram mesmo verdadeiras? E então?

O Caso de Kemal Atasoy

O Dr. Jürgen Keil, psicólogo da Austrália, ouvia enquanto Kemal Atasoy, um menino turco de seis anos, confiantemente relatava detalhes de uma vida anterior que alegava recordar. Eles estavam na casa do menino, um lar confortável num bairro de classe média alta; com eles estavam o intérprete do Dr. Keil e os pais do garoto, um casal bem-educado que às vezes parecia divertir-se com o entusiasmo mostrado pelo filho ao descrever as suas experiências. Disse que tinha vivido em Istambul, a 700 km de distância. Revelou que o nome de família era Karakas e que ele próprio tinha sido um rico cristão armênio que morava numa ampla casa de três andares. Essa casa, disse Kemal, era próxima da de uma mulher chamada Aysegul, personalidade muito conhecida na Turquia que havia deixado o país por causa de problemas com a justiça. O menino acrescentou que a casa se erguia na água, onde atracavam botes, tendo por trás uma igreja. Disse que a sua esposa e filhos tinham prenomes gregos. Afirmou também que freqüentemente carregava uma grande mala de couro e só vivia na casa durante parte do ano.

Ninguém sabia se a história de Kemal era verdadeira quando ele se encontrou com o Dr. Keil em 1997. Os pais não conheciam ninguém em Istambul. De fato, Kemal e a mãe nunca haviam estado lá, enquanto o pai só visitara a cidade duas vezes, a negócios. Além disso, a família jamais convivera com armênios. Os pais de Kemal eram muçulmanos Alevi, um grupo que acredita em reencarnação, mas não pareciam pensar que as declarações do filho, que ele vinha fazendo desde os dois anos de idade, fossem particularmente importantes.

O Dr. Keil propôs-se a determinar se os relatos de Kemal condiziam com alguém que realmente viveu neste mundo. O trabalho que o Dr. Keil teve de empreender para descobrir se a tal pessoa de fato existiu mostra que Kemal não poderia ter conhecido os detalhes da vida do homem por mero acidente.

Quando o Dr. Keil e o seu intérprete chegaram a Istambul, depararam com a casa de Aysegul, a mulher que Kemal havia mencionado. Próxima a ela erguia-se uma residência vazia de três andares que se enquadrava perfeitamente na descrição do menino — localizava-se à beira da água, frente a um ancoradouro de barcas e tendo por trás uma igreja. O Dr. Keil teve em seguida algum trabalho para encontrar provas de que uma pessoa tal qual descrita por Kemal tinha vivido ali. Na época, nenhum armênio residia naquela parte da cidade e ninguém se lembrava se algum já havia morado lá. Quando voltou a Istambul, ainda naquele ano, o Dr. Keil conversou com autoridades da igreja armênia; disseram-lhe ignorar que algum compatriota havia vivido na casa. Os registros da igreja não o comprovavam, mas um incêndio havia destruído parte dos arquivos. O Dr. Keil falou com um ancião das vizinhanças, o qual garantiu que, efetivamente, um armênio havia morado ali anos atrás, e que as autoridades da igreja eram muito jovens para se lembrar desse fato antigo.

Munido desse relato, o Dr. Keil decidiu continuar sua busca por informações. No ano seguinte, fez uma terceira viagem à região e entrevistou um historiador local bastante respeitado. Durante a entrevista, o Dr. Keil certificou-se de não sugerir respostas ou fornecer pistas. O historiador contou uma história bastante parecida à de Kemal. Disse que um cristão armênio rico de fato havia morado na casa. Único armênio da região, o seu nome de família era Karakas. A esposa era da religião grega ortodoxa e a família dela não havia aprovado o casamento. O casal tinha três filhos, mas o historiador não sabia seus nomes. Disse que o clã Karakas vivia em outra parte de Istambul, trabalhava com artigos de couro e que o homem falecido em questão costumava andar com uma grande mala de couro. Também afirmou que o homem só ficava na casa durante os meses de verão. E que ele havia morrido em 1940 ou 1941.

Embora o Dr. Keil não conseguisse confirmar a declaração do menino segundo a qual a esposa e os filhos tinham prenomes gregos, a esposa era de família grega. O prenome dado por Kemal ao homem era, segundo se descobriu, um termo armênio que significava "bom sujeito". O Dr. Keil não pôde confirmar se era assim que as pessoas chamavam o Sr. Karakas, mas ficou perplexo ante o fato de que, embora ninguém à sua volta conhecesse a expressão, Kemal houvesse excogitado um nome que se aplicava tão bem ao Sr. Karakas.

Por que meios aquele menino, vivendo a 700 km de distância, sabia tantas coisas a respeito de alguém que tinha morrido em Istambul cinqüenta anos antes de ele nascer? Não poderia ter ouvido falar de um homem sobre o qual o Dr. Keil teve tanto trabalho para reunir algumas informações. Qual seria a explicação? A resposta de Kemal era das mais simples: ele havia sido aquele homem em outra vida.

Kemal não é o único a fazer semelhantes declarações. Crianças no mundo inteiro relatam lembranças de vidas anteriores. Há mais de quarenta anos pesquisadores vêm investigando os seus relatos. Cerca de 2.500 casos estão registrados nos arquivos da Divisão de Estudos da Personalidade, na Universidade da Virgínia. Algumas crianças se dizem membros falecidos da família; outras descrevem vidas anteriores como estranhos. Num caso típico, uma criança muito nova põe-se a falar de uma outra vida. Nisso ela se revela persistente e não raro pede que a levem para junto de sua outra família, em outra localidade. Assim que a criança fornece nomes ou detalhes suficientes sobre a outra localidade, a família quase sempre vai até lá e descobre que as declarações do filho condizem com a vida de uma pessoa falecida há pouco tempo.

Estarão Kemal e as outras 2.500 crianças recordando o que segundo elas aconteceu — eventos de vidas que já viveram? Essa pergunta vem intrigando pesquisadores há anos e o presente livro tentará responder a ela. Antes, escrevemos apenas para um círculo de cientistas, mas agora que dispomos de dados coletados ao longo de quarenta anos acreditamos que o público em geral merece também a oportunidade de avaliar as evidências. Procurarei apresentá-las o mais imparcialmente possível, para que o leitor possa julgar por si mesmo. O fenômeno de crianças relatarem lembranças de uma vida passada é fascinante em si e por si; e, à medida que o leitor for aprendendo a respeito, formará a sua opinião sobre o assunto. Ao fim, talvez decida que crianças como Kemal realmente voltaram ao mundo após vidas anteriores — e que todos nós podemos também voltar.

CAPÍTULO 1

Crianças que Relatam Lembranças de Vidas Passadas

John McConnell, policial aposentado de Nova York que trabalhava como vigia, parou após o expediente diante de uma loja de produtos eletrônicos, numa noite de 1992. Viu dois homens roubando o estabelecimento e sacou o revólver. Outro assaltante, por trás de um balcão, começou a atirar nele. John tentou responder ao fogo, caiu e levantou-se, sempre disparando. Foi atingido seis vezes. Uma das balas penetrou-lhe as costas, dilacerando o pulmão esquerdo, o coração e a principal artéria pulmonar, o vaso sanguíneo que leva o sangue do lado direito do coração para os pulmões, a fim de ser oxigenado. Foi levado às pressas para o hospital, mas não sobreviveu.

John era muito ligado à família e dizia freqüentemente a uma das filhas, Doreen: "Não importa o que aconteça, sempre tomarei conta de você." Cinco anos após a morte de John, Doreen deu à luz um filho, William. William começou a sofrer desmaios logo depois de nascer. Os médicos diagnosticaram atresia da válvula pulmonar, condição na qual a válvula da artéria pulmonar não se formou adequadamente, de modo que o sangue não consegue atravessá-la rumo aos pulmões. Além disso, uma das câmaras do coração, o ventrículo direito, não se desenvolveu perfeitamente, em conseqüência do problema com a válvula. O menino passou por várias cirurgias. Embora tivesse de tomar remédios pela vida toda, saiu-se muito bem.

William apresentava problemas de nascença muito parecidos com os ferimentos fatais sofridos pelo avô. Não bastasse isso, quando aprendeu a falar, começou a mencionar fatos da vida do avô. Um dia, tendo ele três anos de idade, a mãe estava em casa tentando trabalhar no seu estúdio quando William se pôs a fazer travessuras. Ela, por fim, lhe disse: "Sente-se ou lhe darei umas palmadas." William replicou: "Mamãe, quando você era uma menininha e eu o seu pai, às vezes você se comportava mal, mas eu nunca bati em você!"

A princípio, a mãe ficou inquieta com isso. À medida que William foi falando mais a respeito da vida do avô, ela começou a sentir-se confortada pela idéia de que o pai havia voltado. William afirmou que era o avô inúmeras vezes e falou sobre sua morte. Disse à mãe que várias pessoas tinham disparado durante o incidente quando ele foi morto e fez muitas perguntas a respeito.

Certa vez, perguntou à mãe: "Quando você era uma garotinha e eu o seu pai, como se chamava mesmo o meu gato?" Ela respondeu: "Refere-se a Maníaco?"

"Não, não a esse", continuou William. "Estou falando do branco."

"Boston?", indagou a mãe.

"Sim", respondeu William. "Eu costumava chamá-lo de Boss, não é?" De fato, a família tinha dois gatos, Maníaco e Boston — e só John chamava o branco de Boss.

Um dia, Doreen perguntou a William se ele se lembrava de alguma coisa ocorrida antes de nascer. O menino disse que tinha morrido numa quinta-feira e que fora para o céu. Ali, viu animais e até falou com Deus. E completou: "Eu disse a Deus que estava pronto para voltar e nasci numa terça-feira." Doreen ficou espantada ao ouvir William mencionando os dias da semana, que ainda não conhecia muito bem. Colocou-o então à prova dizendo: "Então você nasceu numa quinta-feira e morreu numa terça?" Ele prontamente corrigiu: "Não, morri numa quinta à noite e nasci numa terça de manhã." Ele estava certo em ambos os pontos — John tinha morrido numa quinta-feira e William tinha nascido numa terça-feira cinco anos depois.

Em outras ocasiões, o menino falou sobre o período entre vidas. Contou à mãe: "Quando você morre, não vai diretamente para o céu. Passa por diversos níveis — aqui, depois ali, por fim acolá" e, de cada vez, erguia um pouco a mão. Explicou que os animais também renascem e que os que viu no céu não mordiam nem arranhavam.

John tinha sido católico romano praticante, mas acreditava em reencarnação e afirmava que iria cuidar de animais na próxima vida. O neto, William, diz que quer ser veterinário para tratar de bichos grandes num zoológico.

William lembra o pai de Doreen de várias maneiras. Gosta de livros, como o avô. Quando visitam a avó de William, ele fica horas vasculhando a biblioteca de John, reproduzindo o comportamento deste no passado. William, tal qual o avô, é organizado e tagarela.

William lembra especialmente o pai de Doreen quando lhe diz: "Não se preocupe, mamãe, vou cuidar de você."

A idéia de que a pesquisa pode de fato apoiar o conceito da reencarnação é surpreendente para muitos ocidentais, pois a reencarnação às vezes lhes parece estranha ou mesmo absurda. Há quem costume fazer piadas a respeito das suas vidas passadas ou futuras. Os meios de comunicação, em tom dramático, mostram pessoas descrevendo vidas em épocas remotas, após serem hipnotizadas. A reencarnação entra em choque com o ponto de vista da maioria dos cientistas, para quem o mundo material é tudo o que existe, e com as crenças religiosas da maioria das pessoas.

Embora muitos achem a idéia da reencarnação ridícula ou ofensiva, outros a aceitam com convicção. Essa idéia teve ao longo da história, e ainda tem, inúmeros adeptos, inclusive Platão e os antigos gregos, os hindus e budistas da Ásia, diversas tribos da África Ocidental, vários nativos americanos do Noroeste da América do Norte e, até mesmo, alguns grupos entre os primeiros cristãos. Hoje, no mundo inteiro, as pessoas que acreditam em reencarnação sem dúvida superam em número as que não acreditam.

Tais crenças não se restringem a lugares distantes. Um número surpreendente de americanos acredita em reencarnação — de 20 a 27%, conforme a pesquisa — e a mesma proporção se dá entre os europeus. Eles não podem basear essa crença em indícios científicos, já que a maior parte das pessoas nada sabe das pesquisas em curso na Universidade da Virgínia. E também, de um modo geral, não a baseiam numa doutrina religiosa formal, já que muitos adeptos freqüentam igrejas que não aceitam essa visão. Com efeito, uma pesquisa Harris de 2003 constatou que 21% dos cristãos nos Estados Unidos acreditam em reencarnação. O trabalho aqui apresentado pode fornecer a essas pessoas algum amparo em suas crenças, mas os pesquisadores não agiram do ponto de vista de nenhuma doutrina ou tendência religiosa específica. Os nossos objetivos foram determinar a melhor explicação para as declarações das crianças e descobrir se a ciência deve considerar a reencarnação uma possibilidade.

Muitas pessoas provavelmente desejarão que a resposta seja "sim". Afinal, a idéia de que deixamos de existir quando morremos é intolerável para a maioria de nós. Embora nem todos nos Estados Unidos se sintam à vontade com o conceito de reencarnação, a idéia de que uma parte de nós sobrevive à morte é sem dúvida atraente. Se uma pessoa falecida consegue, de alguma maneira, superar a morte e renascer, então isso significa que nós continuaremos a existir. Talvez possamos ficar perto de entes queridos enquanto eles prosseguem em suas vidas; talvez, ir para o céu, para outras dimensões ou sabe-se lá para onde. Se as crianças aqui citadas estão certas ao dizer que já viveram antes, necessariamente uma parte de nós poderá sobreviver à morte do nosso corpo.

Mais especificamente, o conceito de reencarnação é sedutor porque a idéia de poder voltar para tentar de novo costuma atrair muitas pessoas. Não podemos corrigir os erros cometidos no passado; mas é certamente um conforto saber que é possível tentar agir de modo mais adequado da próxima vez. Se conseguirmos viver várias vidas, então talvez façamos progressos e nos tornemos pessoas melhores.

Não queremos que apenas nós voltemos; mas que as pessoas a quem amamos também voltem. Sem dúvida, a mãe de William ficou emocionada e consolada pela impressão de que o adorado pai tenha sobrevivido à morte e renascido como seu filho. Teve de lidar com o terror de saber que o pai fora assassinado, mas a idéia de que ele havia renascido como seu filho decerto a ajudou a transformar a dor em aceitação. Neste livro, encontraremos outras pessoas que precisaram lidar com perdas semelhantes: por exemplo, uma mãe que viu o filhinho sucumbir ao câncer e um homem cujo pai foi afastado dos filhos antes de morrer. Em tais situações, as pessoas acolhem bem a possibilidade de uma segunda chance, de uma nova oportunidade para amar e partilhar momentos doces com quem morreu. Quando nós lamentamos por um ente querido que se foi, certamente ficamos confortados ao saber que o morto, de alguma forma, continuou a viver e poderá voltar a participar da nossa vida.

Acreditar nessa possibilidade talvez pareça mera racionalização do desejo. Todavia, a vida após a morte não poderá ser mais que isso?

Ainda que seja difícil acreditar em tal coisa, existem indícios de que a vida após a morte é uma realidade. *Vida Antes da Vida* descreverá casos, coletados pelos pesquisadores, que sugerem a possibilidade de algumas pessoas sobreviverem à morte e renascerem. Não se trata de uma tarefa levianamente empreendida. Os estudiosos encararam a questão com a mesma abordagem analítica lúcida com que encaram qualquer outra. Nós a examinamos racionalmente, não emocionalmente; ela é, pois, analítica e não sentimental. Além disso, fizemos esse trabalho com espírito imparcial, não com zelo religioso. Muitas pessoas, é óbvio, acreditam na vida após a morte baseadas puramente em sua fé religiosa. Embora eu não tenha a intenção de desconsiderar a fé, a crença religiosa não pode nos impedir de examinar indícios em favor da idéia. Ela não pode evitar que tentemos obter uma compreensão melhor da natureza da vida — e disso fizemos uma meta científica, não uma cruzada religiosa.

Vida Antes da Vida, portanto, longe de ser emocional ou mística, é uma obra analítica. Não procurarei convencer o leitor de que os casos apresentados provam a reencarnação, com isso elaborando uma teoria. Ao contrário, tenciono mostrá-los de modo que o próprio leitor possa examiná-los e chegar às suas conclusões sobre o seu possível significado. Oferecerei uma análise sobre o que, a meu ver, pode ser deduzido dos indícios, mas o leitor irá também, ao longo do caminho, formando a sua própria opinião. Desse modo, não deve fazer um julgamento apressado, decidindo que os casos são absurdos ou que constituem prova definitiva da reencarnação. Em vez disso, eu o encorajaria a adotar a mesma postura analítica que adotamos ao conduzir a pesquisa.

Os casos não são "provas" e sim "indícios". Dado que o trabalho se fez em nosso conturbado mundo real e não num laboratório sujeito a rígidos controles, as provas não são aqui possíveis. Isso acontece muitas vezes em ciência e medicina. Por exemplo, alguns medicamentos são considerados eficazes porque a evidência indica que funcionam mesmo não tendo isso sido provado. O nosso trabalho também envolve uma área — a possibilidade de vida após a morte — que não se presta de bom grado à pesquisa. Algumas pessoas chegam a dizer que os pesquisadores não deveriam tentar estudar cientificamente o tema da vida após a morte porque ele está muito distante das usuais áreas empíricas de investigação. Entretanto, não há questão maior no mundo que a de saber se poderemos sobreviver à morte e os pesquisadores tentaram coletar os melhores indícios possíveis para responder a ela, indícios que compartilharei com o leitor.

Cada caso tem, evidentemente, os seus aspectos únicos, mas poderemos discutir traços típicos encontrados em muitos deles. Em capítulos posteriores, examinaremos minuciosamente um bom número de casos que incluem cada um desses traços.

Predições, Marcas de Nascença Experimentais e Sonhos Antes do Nascimento

Às vezes tudo começa antes mesmo que a criança, o *sujeito* do caso, tenha nascido. Uma das situações envolve uma pessoa idosa ou moribunda, a *personalidade anterior*, fazendo uma predição a respeito de sua próxima vida. Tais casos são raros, mas costumam acontecer com certa freqüência entre dois grupos. Um deles é o dos lamas do Tibete. Embora as suas predições sejam quase sempre vagas ou pouco claras, as pessoas as usam para identificar em criancinhas os lamas renascidos. No que diz respeito ao atual Dalai Lama, o seu predecessor aparentemente não fez predições, de modo que outras pistas como visões oriundas da meditação após a sua morte foram usadas para identificar o menino em cujo corpo ele renasceu.

Os tlingits, tribo do Alasca, fazem freqüentes predições sobre o renascimento. Dos 46 casos estudados ali, a personalidade anterior fez predições sobre a sua vida futura em dez. Em oito destes, a pessoa forneceu os nomes dos pais de quem queria nascer. Por exemplo, um homem chamado Victor Vincent disse à sobrinha que voltaria como filho dela. Mostrou-lhe duas cicatrizes que resultaram de pequenas cirurgias e predisse que levaria aqueles sinais para a próxima vida. Dezoito meses após a morte do tio, a sobrinha deu à luz um menino que exibia marcas de nascença nas mesmas áreas do corpo. Uma apresentava até pequenos sinais arredondados dispostos ao lado da cicatriz principal, dando a aparência de pontos cirúrgicos. O menino declarou mais tarde que era a personalidade anterior e parecia reconhecer diversas pessoas do convívio de Victor.

Outros casos envolvem outro traço que ocorre antes do nascimento da criança. Em diversos países asiáticos, um membro ou amigo da família marca o corpo de uma pessoa morta ou moribunda para que, quando ela renascer, ostente um sinal parecido. Essa prática, conhecida como marcas de nascença experimentais, será estudada mais detalhadamente no Capítulo 4.

Um sonho premonitório pode ocorrer antes do nascimento da criança. Nessas circunstâncias um membro da família, quase sempre a mãe, sonha antes ou durante a gravidez que a personalidade anterior ou lhe anuncia que está chegando ou lhe pede autorização para isso. Tais sonhos em geral ocorrem nos casos da *mesma família*, aqueles em que a personalidade anterior é um membro falecido da família do sujeito, ou nos casos em que a mãe do sujeito ao menos conhecia a personalidade anterior. Exceções podem ocorrer, como logo veremos. Casos nas mais variadas culturas incluem os sonhos premonitórios, que ocorreram em aproximadamente 22% dos primeiros 1.100 episódios constantes da base de dados do nosso computador. São mais comuns em certos lugares, mas tendem também a ocorrer em épocas e localidades diferentes. Em Myanmar, famílias geralmente relatam que os sonhos ocorrem antes da concepção do filho, ao passo que, entre as tribos do Noroeste da América do Norte, costumam ocorrer no final da gravidez.

Marcas e Defeitos de Nascença

Muitos dos sujeitos de nossos casos nascem com marcas ou defeitos que lembram ferimentos no corpo da personalidade anterior, geralmente de natureza fatal. Um caso que inclui tanto o sonho premonitório quanto um defeito de nascença é o de Süleyman Çaper, da Turquia. A mãe sonhou, durante a gravidez, que um homem desconhecido lhe dizia: "Fui morto por um golpe de pá. Quero ficar com você e com ninguém mais." Quando Süleyman nasceu, viu-se que a parte posterior do seu crânio era parcialmente deprimida e também apresentava uma cicatriz. Ao aprender a falar, disse que tinha sido um moleiro morto quando um freguês enfurecido feriu-o na cabeça. Juntamente com outros detalhes, forneceu o primeiro nome do moleiro e o da aldeia onde residira. De fato, um freguês enfurecido havia assassinado um moleiro daquele mesmo nome e naquela mesma aldeia, golpeando-o na nuca com uma pá.

Muitas das marcas de nascença não são descolorações pequenas. Na verdade, algumas apresentam dimensões incomuns, proeminentes e não achatadas. Outras têm aparência bizarra. No Capítulo 4, discutiremos o caso de Patrick, um garoto de Michigan que exibia três lesões distintas bastante parecidas com as da personalidade anterior. Há casos em que uma marca pequena, arredondada, semelhante ao orifício de entrada de uma bala, e outra maior, de forma irregular, parecida com um orifício de saída, estavam presentes. Outros exemplos incluem sinais em áreas inesperadas como o tornozelo e deformidades como ausência ou malformação de membros e dedos.

Em tais casos, as marcas e defeitos de nascença podem fornecer indicações concretas de uma conexão entre o sujeito e a personalidade anterior. Uma vez que permanecem no corpo, as marcas e os defeitos não dependem de lembranças de testemunhas para integrar o caso. Quando se dispõe de um relatório de autópsia ou de um registro médico da personalidade anterior, como se dá com Süleyman, os pesquisadores conseguem comparar objetivamente as informações com as marcas de nascença, para ver até que ponto combinam.

As marcas e os defeitos de nascença não são raros em nossos casos. Um terço dos casos na Índia inclui marcas e defeitos de nascença que corresponderiam a ferimentos em personalidades anteriores, com 18% apoiados em registros médicos que confirmam a semelhança. Devo observar que a porcentagem real das crianças que, relatando lembranças da vida anterior, apresentam marcas de nascença deve ser bem mais baixa. Não raro temos de tomar decisões quanto aos casos a examinar e, como nos interessamos particularmente por marcas de nascença, em geral é esse o tipo que escolhemos. Por isso registramos aqui maior número deles.

Declarações sobre Vidas Passadas

O traço principal, em nossos casos, são sem dúvida as declarações que as crianças fazem sobre uma vida anterior. Exemplo: quando Suzanne Ghanem, do Líbano, tinha menos de um ano de idade, a primeira palavra que pronunciou foi "Leila", ao apanhar o telefone e balbuciar "Alô, Leila". Contou à família sobre uma vida anterior que terminou nos Estados Unidos, aonde tinha ido fazer uma cirurgia cardíaca. Falou bastante a respeito dessa vida, mas a família só conseguiu determinar quem era a personalidade anterior quando Suzanne já tinha cinco anos. A essa altura, Suzanne conheceu a família da mulher que pensava ter sido e convenceu-a de que era ela renascida, ao saber de detalhes sobre a vida passada. A mulher, falecida num centro médico dos Estados Unidos após uma cirurgia do coração, tinha ao que se soube uma filha chamada Leila, que não pôde ir encontrá-la lá por problemas com o passaporte. Antes de a mulher morrer, o irmão dela tentou telefonar do hospital para Leila, mas não conseguiu. Ao todo, Suzanne fez quarenta declarações a respeito da vida anterior que foram consideradas exatas, inclusive os nomes de 25 pessoas.

As crianças fazem tais declarações em idade bastante tenra. Muitas das que falam a respeito de vidas passadas começam a fazê-lo entre os dois e os três anos. Alguns pais afirmam que os seus filhos forneceram pormenores desse tipo ainda bem novos; todavia, conforme discutiremos mais adiante, os testes psicológicos revelam que muitas dessas crianças são extremamente inteligentes. As habilidades precoces de fala, necessárias para que tais declarações sejam feitas, aparecem nos testes. As crianças, quase sempre, param de falar sobre vidas passadas quando chegam aos seis ou sete anos e, depois disso, ao que tudo indica, passam a levar vidas normais.

Ao discorrer sobre vidas passadas, algumas crianças o fazem com simplicidade, enquanto outras revelam grande emoção. Exemplo desse último tipo é um garoto de Seattle chamado Joey. Ele se referiu diversas vezes ao fato de a sua outra mãe ter morrido num acidente de automóvel. Uma noite, durante o jantar, quando já tinha quase quatro anos, ergueu-se na cadeira, muito pálido, e, fixando intensamente a mãe, disse: "Vocês não são a minha família — a minha família morreu." Chorou baixinho por um minuto, com uma lágrima escorrendo-lhe pela face, voltou a sentar-se e continuou a comer. O fato de a mãe ter naquela noite um convidado para jantar não melhorou em nada a situação, mas ela ainda assim se mostrou compreensiva.

Algumas crianças fazem apenas pequenos comentários sobre a vida passada, e só em certas horas, geralmente nos períodos de descontração; outras, porém, falam do assunto quase o tempo todo e apresentam inúmeros pormenores. Em geral, as crianças tendem a falar de pessoas e acontecimentos situados quase ao fim da vida anterior. A que descreve uma vida anterior que terminou na idade adulta provavelmente mencionará esposa ou filhos, mas quase nunca pais. Setenta e cinco por cento das crianças descrevem como morreram na vida pregressa e trata-se, freqüentemente, de morte violenta ou súbita.

As vidas que as crianças descrevem costumam ser muito recentes; com efeito, o tempo médio entre a morte da personalidade anterior e o nascimento do sujeito quase nunca ultrapassa quinze ou dezesseis meses. Exceções existem, é claro, como mostra o caso de Kemal citado na Introdução, mas a maioria das crianças descreve mesmo vidas encerradas há pouco tempo. Poucas sustentam ter sido personalidades famosas: quase todas falam de existências comuns, terminadas às vezes de maneira nada agradável.

Quando a criança fornece informação suficiente para identificar a pessoa falecida como a personalidade anterior, dizemos que o caso é *resolvido*. Quando a personalidade anterior não pôde ser identificada, trata-se de um caso *não-resolvido*. Um colega confessou-me que não concorda com o termo *não-resolvido* nesse caso porque implica que a criança está realmente relembrando a vida de uma única personalidade anterior, a qual poderia ser identificada se o caso fosse resolvido. Mas não é isso que entendemos quando usamos a expressão. Todos concordamos em que um caso não-resolvido, ou, em certas circunstâncias, resolvido, não indica automaticamente um caso de reencarnação.

Com raríssimas exceções, praticamente todas as crianças só descrevem uma vida anterior. Além disso, embora a maioria nada diga a respeito do tempo decorrido entre as duas vidas, algumas o fazem. As suas declarações podem referir-se a acontecimentos passados na Terra, por exemplo os funerais da personalidade anterior, ou ser descrições de outras esferas. Exemplo deste último tipo é um garoto chamado Kenny, o qual, embora o seu caso seja não-resolvido, forneceu inúmeros detalhes sobre a vida de um homem morto num acidente de automóvel. Ele disse que, após a morte desse homem, outro espírito, provavelmente o motorista do veículo, tomou-o pela mão e ambos se encaminharam para junto de outros espíritos reunidos no que parecia ser um grande saguão. Afirmou também que um dos espíritos — Deus, segundo ele — disse-lhe que havia pessoas que desejavam ter um filho e ele tinha sido escolhido para renascer.

Comportamentos de Vidas Passadas

Além das declarações, muitas crianças exibem comportamentos aparentemente vinculados às lembranças das vidas anteriores que relatam. Algumas revelam forte emoção quando falam dessas lembranças. Em alguns casos, choram e pedem aos pais que as conduzam para junto da família anterior, até que os pais finalmente consentem. Quando a personalidade anterior foi assassinada, o sujeito em geral mostra profundo ódio pelo assassino. Mais à frente, discutirei o caso em que uma criança tentou estrangular o homem que, segundo afirmava, o havia assassinado na vida pregressa.

As crianças, freqüentemente, se entregam a papéis incomuns. Por exemplo, Parmod Sharma, na Índia, fez-se de vendedor de biscoitos e refrigerantes, ocupação da personalidade anterior, dos quatro aos sete anos. Isso o levou a negligenciar as tarefas escolares e ele, ao que parece, nunca se recuperou por completo. A mãe atribuiu o seu mau desempenho na escola e, depois, a inevitável falta de oportunidades profissionais à preocupação do rapaz com as lembranças da vida passada e à sua brincadeira de vendedor na infância. Esse caso é um exemplo extremo, mas a brincadeira realmente pode ir longe demais. Em circunstâncias semelhantes, a criança repete a brincadeira vezes sem conta — e é algo que não se vê nas outras crianças da família nem poderia inspirar-se num parente adulto ou amigo. Na maioria das vezes, a criança imita a ocupação da personalidade anterior, como fazia Parmod, e o entusiasmo que a criança põe na repetição da brincadeira chega a assustar. Há também crianças que, repetidamente, encenam a morte da vida anterior. Isso se parece muito com as encenações pós-traumáticas de crianças que passaram por experiências difíceis; mas, no caso, atribui-se o trauma a uma vida passada, não à atual.

Certas fobias parecem associadas a lembranças de vidas passadas. Muitas crianças mostram medo intenso com relação ao tipo de morte da personalidade anterior. Freqüentemente, esses medos aparecem antes de a criança começar a relatar lembranças da vida passada. Por exemplo, uma criança muito nova pode revelar um medo incompreensível da água. Quando bebê no Sri Lanka, Shamlinie Prema ficava desesperado na hora do banho. Tempos depois ele afirmou que havia se afogado na vida anterior.

Algumas crianças mostram-se também estranhamente apegadas a certas coisas, inclusive alimentos de que a personalidade anterior gostava e mesmo álcool ou tabaco. Embora o uso de álcool e tabaco seja comum em várias culturas, o consumo não é considerado apropriado para crianças de três anos. Os pais às vezes acham graça ou se mostram preocupados ante as tentativas dos filhos de tomar bebidas alcoólicas. No caso dos alimentos, um exemplo particularmente intrigante é o pedido de crianças birmanesas para comer peixe cru: elas afirmam ter sido soldados japoneses em outra vida.

Quando brincadeiras inusitadas, fobias e preferências são acompanhadas de declarações, marcas de nascença ou outros traços, a impressão de um vínculo entre o sujeito e a personalidade anterior é fortalecida. Nesses casos, não se constatam apenas lembranças e declarações; parece haver também transferência de comportamentos e emoções.

Reconhecimentos de Vidas Passadas

Às vezes os sujeitos reconhecem, ou pensam que reconhecem, pessoas ou lugares de vidas passadas. Freqüentemente, quando sua família o leva à casa da personalidade anterior, o sujeito parece identificar parentes de sua vida passada. Não raro, a família anterior anseia pelo retorno do ente querido que morreu e pode mostrar-se apressada em interpretar qualquer ato da criança como evidência de que ela a reconhece. Outras famílias são bem mais céticas e chegam a suspeitar que os parentes do sujeito estão, com suas pretensões, procurando obter vantagem financeira, ainda que isso raramente pareça acontecer. Há quem elabore testes informais para a criança, como pedir-lhe para identificar objetos que pertenceram à personalidade anterior, antes de decidir se aceita ou não as suas reivindicações.

Num número bem menor de casos, sujeitos foram testados sob condições de melhor controle; nós examinaremos alguns deles no Capítulo 7. Os exemplos mais gritantes reforçam a impressão de que há ali algo que não pode ser descrito apenas como racionalização do desejo ou fantasia infantil.

Em resumo, casos ocorridos no mundo inteiro podem incluir marcas de nascença semelhantes a ferimentos da personalidade anterior, declarações que condizem com a vida dessa pessoa, comportamentos que parecem adequar-se a ela — emoções fortes, brincadeiras inusitadas, fobias e preferências estranhas — e situações nas quais foi pedido que a criança identificasse alguém ou alguma coisa relacionada ao morto.

CAPÍTULO 2

Investigação dos Casos

A história desta pesquisa da Universidade da Virgínia começa em 1958. Por quaisquer padrões, o Dr. Ian Stevenson podia exibir uma carreira acadêmica bem-sucedida àquela altura. Depois de graduar-se como primeiro da classe na Faculdade de Medicina da Universidade McGill, estudou inicialmente bioquímica antes de interessar-se por medicina psicossomática, o estudo das conexões entre emoções e saúde. Ele escreveu prolificamente, quase sempre em publicações médicas, mas muitas vezes também em periódicos como *Harper's Magazine* e *The New Republic*, de modo que em 1958 já tinha setenta artigos a seu crédito. Um ano antes, tornou-se presidente do Departamento de Psiquiatria da Universidade da Virgínia, com apenas trinta e nove anos de idade.

Além dessas realizações, o Dr. Stevenson ocupava-se de fenômenos paranormais — que escapam às explicações científicas correntes. Quando a Sociedade Americana de Pesquisas Psíquicas anunciou um prêmio, em 1958, para o melhor ensaio sobre fenômenos mentais paranormais e sua relação com a vida após a morte, ele apresentou o trabalho vencedor, intitulado "Indícios de Sobrevivência com Base em Alegadas Lembranças de Encarnações Pregressas". Nesse ensaio, o Dr. Stevenson passava em revista 44 casos já publicados sobre pessoas de várias partes do mundo que garantiam ter recordações de uma vida anterior. Os relatos provinham de uma série de fontes — livros, revistas e jornais. Quase todos os casos mais impressionantes envolviam crianças que tinham menos de dez anos quando começavam a falar das lembranças e, em muitos deles, essas crianças estavam com apenas três anos ou até menos. O Dr. Stevenson ficou perplexo ante o padrão de crianças de lugares bastante diferentes a fazer declarações semelhantes sobre recordações de vidas passadas. Conforme disse mais tarde: "Aqueles 44 casos, postos lado a lado, convenceram-me de que ali havia alguma coisa."

O autor termina o artigo ressaltando que os indícios apresentados não ensejam nenhuma conclusão definitiva a respeito da reencarnação, mas acha que se justifica um estudo mais aprofundado do problema.

Após a publicação do artigo, em 1960, o Dr. Stevenson começou a ouvir falar de novos casos. Informado de que quatro ou cinco haviam ocorrido na Índia e um no Ceilão (hoje Sri Lanka), resolveu viajar para lá a fim de iniciar as investigações. Na Índia, ficou surpreso com o número de casos de que teve notícia. Em quatro semanas, pesquisou nada menos que 25 casos. No Ceilão, durante uma semana, deparou com cinco ou seis casos. Concluiu que crianças relatavam lembranças de vidas passadas com muito mais freqüência do que se presumia.

Um dos leitores do ensaio do Dr. Stevenson foi Chester Carlson, inventor do processo de fotorreprodução que constituiu a base da Xerox Corporation. A esposa dele, Dorris Carlson, fez com que ele se interessasse pela parapsicologia. Depois de ler o ensaio, Carlson entrou em contato com o Dr. Stevenson para oferecer-lhe apoio financeiro. O Dr. Stevenson, a princípio, não aceitou a oferta, pois estava ocupado com outros trabalhos; mas, à medida que foi coletando novos casos e ficando cada vez mais intrigado com o que descobria, aceitou a oferta de Carlson.

Em 1966, publicou o seu primeiro livro sobre o assunto, *Twenty Cases Suggestive of Reincarnation.* O Dr. Stevenson trabalhou duro para verificar, independentemente, o que as vinte crianças haviam dito e até que ponto as suas declarações condiziam com as vidas das pessoas que estariam evocando. O livro trazia relatos pormenorizados de casos ocorridos na Índia, no Ceilão, no Brasil e no Líbano, incluindo listas das pessoas que o Dr. Stevenson havia entrevistado a respeito de cada episódio, além de extensas tabelas nas quais toda declaração feita pelas crianças a respeito de sua vida passada aparecia ao lado do nome da pessoa que havia informado sobre o caso e da pessoa ou pessoas que verificaram se o que a criança havia dito correspondia de fato com a vida do morto. O Dr. Stevenson apresentava os casos num tom objetivo, imparcial, discutindo os seus pontos fortes e fracos.

Vários jornais, inclusive o prestigioso *American Journal of Psychiatry*, fizeram resenhas positivas do livro, com os críticos ressaltando a objetividade e o empenho do autor, elementos que têm garantido a sua aceitação ao longo dos anos.

Com a ajuda dos assinantes, o Dr. Stevenson ia encontrando mais casos em diversos países. Fez viagens à Índia, Sri Lanka, Turquia, Líbano, Tailândia, Birmânia, Nigéria, Brasil e Alasca. Depois de publicar *Twenty Cases*, começou a ouvir falar também de alguns casos em seu próprio país.

Graças à subvenção de Carlson, o Dr. Stevenson pôde afastar-se da presidência do Departamento de Psiquiatria em 1967 para concentrar-se em tempo integral na sua pesquisa. O diretor da Faculdade de Medicina, que não aprovava o seu trabalho, ficou feliz com a decisão do Dr. Stevenson e concordou em organizar um pequeno departamento de pesquisas, hoje conhecido como Divisão de Estudos da Personalidade, onde as tarefas prosseguiriam.

No ano seguinte, Chester Carlson faleceu subitamente de um ataque do coração. Uma vez que o novo departamento dependia da generosidade de Carlson, o Dr. Stevenson supôs que teria de voltar à pesquisa convencional. Abriu-se então o testamento de Chester Carlson, que havia deixado um milhão de dólares para o trabalho do Dr. Stevenson na Universidade da Virgínia.

A essa altura, começou-se a discutir se a universidade deveria aceitar o dinheiro, em vista da natureza incomum da pesquisa. As universidades não costumam desdenhar presentes de milhões de dólares, mas a situação, obviamente, deixava muitas pessoas pouco à vontade. A instituição resolveu enfim aceitar o dinheiro, já que havia sido dado para apoiar um trabalho acadêmico, e os estudos prosseguiram.

O Dr. Stevenson escreveu mais livros a respeito dos casos, sempre bem-recebidos ao menos pelos interessados no assunto. Comentando um deles, Lester S. King, editor de crítica do *JAMA: The Journal of the American Medical Association*, escreveu que, "com respeito à reencarnação, [Stevenson] coletou cuidadosa e desapaixonadamente uma pormenorizada série de casos ocorridos na Índia, nos quais a evidência é difícil de explicar sob qualquer ponto de vista". E acrescentou: "Ele registrou uma quantidade de dados tão grande que não pode ser ignorada."

Em 1977, o *Journal of Nervous and Mental Disease* reservou boa parte de um número ao trabalho sobre reencarnação do Dr. Stevenson. Incluía um artigo do pesquisador, comentado por outros especialistas. O Dr. Harold Lief, figura das mais acatadas no campo da psiquiatria, escreveu um dos comentários. Descrevia o Dr. Stevenson como "um investigador metódico, prudente, cauteloso mesmo e de personalidade teimosa". Dizia também:

"Ou ele está cometendo um engano colossal ou será conhecido [...] como 'o Galileu do século XX'."

O Dr. Stevenson foi aos poucos convencendo outras pessoas a examinar os casos. Satwant Pasricha, psicóloga indiana, começou ajudando o Dr. Stevenson em suas pesquisas naquele país e continua, ela própria, a estudar o assunto. Erlendur Haraldsson, psicólogo da Universidade da Islândia com longa história no campo da psicologia experimental, começou a interessar-se pelos casos nos anos 1970 e nunca mais deixou de estudá-los. Antonia Mills, antropóloga que conquistou o seu doutorado em Harvard, ajudava o Dr. Stevenson com os casos ocorridos no Noroeste da América do Norte e em seguida passou a investigá-los por conta própria nessa região e na Índia. Jürgen Keil, que examinou o caso de Kemal constante da Introdução, é um psicólogo na Universidade da Tasmânia que estabeleceu contatos na Turquia, Tailândia e Myanmar a fim de ali estudar novos casos. Afora isso, ele e eu fizemos duas viagens à Tailândia e Myanmar para examinar casos juntos (mais adiante, discutirei alguns destes). O Dr. Stevenson analisou a maioria dos casos da Ásia que serão vistos aqui; as notas finais do livro fornecem as referências para os seus detalhados relatórios dos episódios.

Ele ficou particularmente interessado nos casos em que uma criança nascia com uma marca semelhante a um ferimento que a pessoa falecida tinha. O Dr. Stevenson acredita na força dos números, por isso adiou a publicação de qualquer dos casos até poder apresentar uma série deles em livro. Após vários adiamentos, veio a público *Reincarnation and Biology: A Contribution to the Etiology of Birthmarks and Birth Defects*, em 1997. A obra é vasta — 2.200 páginas em dois volumes — e inclui relatos pormenorizados de 225 casos com ilustrações de várias marcas de nascença. O Dr. Stevenson publicou a obra quando se aproximava dos oitenta anos de idade. Embora *Reincarnation and Biology* represente, de certa maneira, a culminação de décadas de trabalho, ele ainda não havia dado a tarefa por encerrada e continuou a pesquisar e a escrever.

Eu entrei em cena em 1996 e acabei abandonando a minha prática em psiquiatria para dar continuidade a essa pesquisa. Ultimamente, tenho me concentrado em casos americanos. Embora sejam raros por aqui, ocorrem sem os fatores culturais que alguns críticos consideram responsáveis pelo que acontece em outras partes do mundo. Recorrerei a vários casos americanos para ilustrar os diferentes aspectos das experiências. Ao fazê-lo, mudarei os nomes das crianças e outros detalhes capazes de identificá-las. Adotarei o mesmo princípio para casos de outros países, a menos que tenham sido publicados com os nomes reais dos envolvidos.

Quanto ao Dr. Stevenson, continuou a mostrar grande entusiasmo pelo trabalho. Aposentou-se em 2002, creio que com uma relutância que poucas pessoas na casa dos oitenta anos sentem com relação à aposentadoria, em parte para dedicar-se mais aos seus escritos e em parte para passar mais tempo com a esposa, Margaret. Prometeu repetidamente diminuir as viagens de pesquisa, mas nunca o fez. Mesmo depois de aposentar-se, empreendeu uma "última viagem" à Índia. Margaret disse certa vez que essas aventuras não a preocupavam, mas gostaria muito que ele parasse de dizer que "aquela" seria a última. Ele escreveu ainda um livro em 2003 — *European Cases of the Reincarnation Type* — e continuou a trabalhar em outros projetos de artigos e livros. Publicou mais de 290 títulos.

As Investigações

Antes de investigar casos, temos de descobri-los. E os descobrimos sempre que saímos em sua pista, mas é mais fácil achá-los em áreas onde predomina a crença na reencarnação. Isso inclui a Índia e o Sri Lanka, para onde o Dr. Stevenson fez as suas primeiras viagens, além de outros países com crenças similares como Tailândia, Myanmar (Birmânia), Turquia e a região dos drusos no Líbano. O padrão geográfico dos casos é determinado até certo ponto pelo fato de dispormos ou não, no local, de gente à sua procura. Tivemos sorte por contar, em cada um desses lugares, com bons assistentes em busca de casos. Eles costumam detectá-los por diversos meios, não raro artigos de jornal, mas na maioria das vezes por meio de informações orais. Nós vamos aonde eles descobrem os casos, o que não significa, é claro, que não ocorram episódios em lugares onde não os estamos procurando. Temos muitos casos da Tailândia e praticamente nenhum do Vietnã, talvez por não dispormos de contatos neste último país.

Na verdade, descobrimos casos em todos os continentes, menos na Antártida, onde, aliás, ninguém os procurou. De certo modo, tentar encontrá-los aqui nos Estados Unidos é mais difícil do que em outras partes do mundo. Na Tailândia, às vezes parece que não podemos parar para perguntar um endereço sem que ouçamos falar de outro caso. Já nos Estados Unidos, não é possível simplesmente entrar numa loja e perguntar se alguém sabe de uma criança que anda falando de uma vida passada. Isso não quer dizer, porém, que não existam casos por aqui. Se dou corda, as pessoas freqüentemente me procuram depois para mencionar um membro da família que a certa altura começou a falar em vidas passadas. Desde que montamos o nosso *site* em 1998, www.healthsystem.virginia.edu/personalitystudies, recebemos e-mails de dezenas de famílias americanas citando crianças que alegavam recordar-se de outra vida.

Procuramos adotar o mesmo método geral quando investigamos um caso. Quase sempre, conduzimos as entrevistas com a ajuda de um intérprete, visto que poucas famílias estrangeiras onde ocorrem os casos falam inglês. Embora isso possa introduzir uma fonte de erro potencial no processo, os intérpretes nativos conseguem entender os informantes com facilidade. Freqüentemente esclarecemos quaisquer equívocos com o intérprete até ficarmos seguros de ter captado bem os dados fornecidos pelos informantes. Depois de trabalhar algum tempo conosco, os intérpretes aprendem o que queremos obter das entrevistas e empenham-se em fazer as perguntas necessárias para que tenhamos uma compreensão clara dos fatos acontecidos. Isso quer dizer, é claro, que às vezes as entrevistas se tornam longas, pois desejamos sempre ter certeza de entender perfeitamente o que aconteceu; mas as famílias, em geral, são pacientes conosco. Nunca as pagamos, já que isso levaria algumas a inventar coisas; entretanto, mostram-se quase sempre bastante hospitaleiras durante as nossas visitas.

Na maioria das vezes, deparávamos com um caso depois de ele ter sido resolvido. Isso significa que a criança havia fornecido detalhes suficientes sobre a vida passada para a família identificar e fazer contato com os parentes da personalidade anterior. Em alguns casos, o encontro havia ocorrido poucas semanas antes da nossa chegada; há anos, em outros. Às vezes, o caso não está resolvido quando chegamos porque as duas famílias ainda não se encontraram. Preferimos isso, mas nem sempre é o que acontece, de modo que o nosso trabalho se intensifica no afã de reconstruir o mais acuradamente possível o que se disse e fez antes de estarmos ali.

Em geral, iniciamos a investigação entrevistando a família do sujeito. E começamos a entrevista explicando a pesquisa para que os envolvidos possam concordar em participar. Passamos então a fazer perguntas de caráter geral sobre a história. Essa entrevista é quase sempre com os pais do sujeito, mas também podem participar os avós e outros parentes. Nunca começamos pelos sujeitos, que às vezes têm pouco ou nada a dizer sobre o assunto. Se são muito novos, podem mostrar-se tímidos demais para falar conosco ou não estar dispostos a discutir sobre o caso. Se são mais velhos, talvez não se lembrem de nenhum detalhe do caso. Tentamos, é claro, falar com eles, mas valorizamos mais o que os adultos possam revelar sobre as declarações ou comportamentos da criança quando tudo começou. Quando a família já conheceu os parentes da personalidade anterior, interessa-nos mais o que o sujeito dizia antes do encontro, pois o que disser depois pode estar contaminado por informações recebidas da família da pessoa falecida.

Se o caso envolve uma marca de nascença, então obviamente pedimos para vê-la na criança. Em seguida, nós a fotografamos e anotamos a sua localização e aparência num desenho da figura humana, já que às vezes as fotografias levam a resultados pouco satisfatórios. Os pais costumam dizer que a marca se deslocava à medida que a criança crescia, por isso anotamos a sua descrição da localização da marca quando o bebê nasceu.

Algumas crianças confidenciam as suas lembranças só aos pais, mas outras o fazem a estranhos. Nesta última situação, tentamos entrevistar o maior número possível de testemunhas. O que jamais aceitamos é o testemunho de alguém que ouviu dizer. Se um aldeão afirma ter sabido que o sujeito fez determinada declaração, só aceitamos isso depois de conversar com alguém que realmente ouviu em primeira mão o que foi dito.

Depois de extrair todas as informações possíveis das pessoas ligadas ao sujeito, passamos às ligadas à personalidade anterior. Conversamos com os membros dessa família para determinar até que ponto as declarações da criança condizem com a vida do morto. Também procuramos saber quais foram as suas impressões durante o primeiro encontro com a criança. Visto que se supõe que a criança deva reconhecer, por ocasião do primeiro encontro, membros da família da personalidade anterior ou objetos que pertenceram ao morto, queremos obter o testemunho de ambas as famílias a respeito.

Ao publicar relatórios de casos em seus livros, o Dr. Stevenson incluía listas de todas as declarações que cada criança havia feito a respeito de sua vida pregressa. E a cada declaração seguia-se o nome do informante que a ouviu, caso a declaração tivesse sido considerada condizente com a personalidade anterior, e o nome da pessoa que comprovou os dados, bem como quaisquer comentários adicionais. Examinando todas as declarações, tanto as corretas quanto as incorretas, os leitores podem julgar os fatos em sua totalidade, sem se preocupar se a criança acertou só uma ou duas vezes entre incontáveis erros.

Além das declarações, outros aspectos dos casos também precisam às vezes ser investigados. Quando a criança tem uma marca de nascença supostamente semelhante a um ferimento no corpo da pessoa falecida, tentamos determinar até que ponto isso é verdade. Na melhor das circunstâncias, existem relatórios de autópsia que registram os sinais no corpo da personalidade anterior. Se a marca lembra um ferimento não-fatal da personalidade anterior, prontuários médicos podem também ajudar a estabelecer o grau de semelhança. No caso de morte violenta, arquivos da polícia às vezes substituem relatórios de autópsia inexistentes e mencionam ferimentos.

Dado que, no caso de muitos desses aldeões, não existem documentos escritos de nenhum tipo para documentar os ferimentos, o testemunho ocular torna-se o melhor indício disponível. Membros da família freqüentemente contemplam o cadáver da personalidade anterior ou ajudam a prepará-lo para os funerais. Muitas pessoas podem então notar marcas de ferimento e nós procuramos conversar com elas a fim de saber com a exatidão possível quais eram essas marcas e onde se localizavam. O Dr. Keil e eu publicamos um caso no qual a família do sujeito pensava que os defeitos de nascença nas mãos dele correspondiam às lesões que a personalidade anterior havia sofrido durante um acidente fatal de pára-quedismo. Depois de constantes esforços o Dr. Keil determinou enfim, com certeza quase absoluta, que na verdade a personalidade anterior não apresentava nenhum ferimento nas mãos.

Em muitos casos, os pesquisadores fazem novas entrevistas durante viagens subseqüentes ao local. Isso se presta a diversos propósitos. Um deles, obviamente, é descobrir se houve desdobramentos no caso. Outro, constatar se os testemunhos permanecem inalterados. Por último, acompanhar a vida e o desenvolvimento subseqüentes do sujeito. O Dr. Stevenson acompanhou alguns casos por décadas e viu as crianças se tornarem adultas.

Depois que um caso é investigado, ele passa para os nossos arquivos na universidade, se atender a determinados critérios. Estes pressupõem muitos dos traços que discutimos e, de acordo com eles, um caso tem de apresentar pelo menos dois dos elementos seguintes:

1. Predição do renascimento — não restrita a "eu vou nascer de novo", mas com alguns pormenores específicos como a seleção dos próximos pais.
2. Um sonho premonitório.
3. Marcas ou defeitos de nascença relacionados à vida passada — não apenas uma mancha simples ou outro sinal pouco característico; além disso, marca ou defeito devem ser observados imediatamente após o nascimento ou em poucas semanas.
4. Declarações do sujeito, quando criança, sobre a vida pregressa; o registro dessas declarações não deve depender unicamente do sujeito: pelo menos outra pessoa, com mais idade (por exemplo, um dos pais ou um irmão mais velho), tem de assegurar que o sujeito falou sobre uma vida passada quando era criança.
5. Reconhecimentos, pelo sujeito, de pessoas ou objetos ligados à personalidade anterior.
6. Comportamento incomum por parte do sujeito — a saber, comportamento alheio aos costumes da família e que aparentemente corresponda a atitudes similares exibidas pela suposta personalidade anterior ou que lhe possam ser atribuídas (por exemplo, fobia na presença de armas de fogo quando a personalidade anterior foi baleada).

Não há critério que se aplique a todas as situações. Insisto sempre em averiguar se o caso apresenta declarações suficientemente enfáticas da criança para ser incluído, ainda que nenhum dos outros elementos esteja presente. Podem, é claro, surgir situações em que um caso se enquadre nos critérios sem que por isso o aproveitemos. De um modo geral, os critérios nos foram muito úteis e espero que explicitem as nossas exigências para incluir um caso em nosso arquivo.

Os critérios mostram que pode haver uma enorme diversidade de alcance nos casos. Alguns fornecem sólidos indícios de que algo estranho aconteceu; em outros, porém, esses indícios são frágeis. A força de um caso às vezes está nos olhos de quem o observa, mas nós achamos que um bom número deles enseja ao observador as melhores informações nas quais basear o seu julgamento.

Para cada caso, os pesquisadores preenchem um formulário de oito páginas que solicita numerosos detalhes sobre o acontecido. O registro inclui ainda notas sobre as várias entrevistas, além de fotografias ou relatos que porventura tenham sido colhidos. Depois de certo tempo, toda essa informação é codificada para ser armazenada num banco de dados do computador, com duzentas variáveis que recebem cada qual o seu valor. Estas vão desde o país de origem do sujeito até as reações iniciais dos pais frente às declarações do filho, passando pelo grau de relacionamento anterior entre as famílias do sujeito e da personalidade anterior, afora dezenas de outros detalhes de menor valor. Colocando essa informação no banco de dados, podemos vislumbrar aspectos gerais que não colheríamos da observação isolada dos casos. Por exemplo, quando eu disse que 18% dos casos envolvendo marcas de nascença na Índia apoiavam-se em prontuários médicos que confirmavam a semelhança, sabia-o porque temos ao todo 421 desses casos no computador e bastou-me examinar a freqüência do item. É um trabalho demorado: colocar todos os casos no banco de dados leva anos. Atualmente, já temos no computador 1.100 de 2.500 casos observados. Isso inclui todos os ocorridos na Índia, mas praticamente nenhum da Tailândia ou Myanmar, embora estes dois países pareçam ter combinado para produzir centenas deles. De tempos em tempos, fornecerei cifras baseadas nos 1.100 casos, mas devemos nos lembrar de que eles não são necessariamente representativos dos 2.500 que coletamos. Quando codificarmos um número maior de casos, esperamos compreender melhor o fenômeno, o que não descarta episódios pesquisados há muito tempo.

CAPÍTULO 3

Explicações a Considerar

Abby Swanson, uma jovem que mora em Ohio, tinha quatro anos quando, uma noite após banhar-se, disse à mãe: "Mamãe, eu lhe dava banho quando você era um bebê." "É mesmo?", brincou a mãe. "Ahã. E como você gritava!", prosseguiu Abby. "Eu fazia isso?", insistiu a mãe. "Sim", respondeu Abby. "Eu era a sua avó."

"E como você se chamava?", quis saber a mãe. Ela se lembra de ter ficado com os cabelos em pé ao ver Abby considerar a pergunta com um dedo nos lábios.

"Lucy?... Ruthie?... Sim, Ruthie", disse finalmente a menina. Visto que este era o nome da bisavó de Abby, a mãe fez-lhe mais perguntas, mas Abby não disse mais nada.

A bisavó de Abby tinha falecido em 1985, nove anos antes de ela nascer. Tinha vinte netos e, ao contrário da maioria dos outros, a mãe de Abby morava nas imediações e era muito apegada à avó desde a infância. Tiveram alguns conflitos quando a mãe de Abby era adolescente, mas depois passaram a se dar muito bem quando ela se tornou adulta.

A mãe de Abby às vezes mencionava os bisavós da filha, mas nunca pelos nomes, e não falava neles havia seis meses antes daquela noite. Além disso, a avó de Abby vivia na Costa Oeste e não poderia ter sido uma fonte de informação para a menina com respeito à sua bisavó. Mais tarde, a mãe de Abby consultou essa avó e soube que, de fato, a bisavó de Abby costumava dar-lhe banhos. A avó disse também que a mãe de Abby chorava muito por ocasião desses banhos.

A mãe de Abby está absolutamente convicta de que a filha jamais ouviu o nome da bisavó. De fato, quando dias depois lhe perguntou qual era esse nome, Abby não o sabia. Qualquer que tenha sido o conhecimento ou a lembrança ao alcance de Abby naquela noite, daí por diante não mais lhe ocorreu.

O que pensar disso? Existem casos mais impressionantes, como veremos, mas o de Abby é sucinto o bastante para nos fornecer possíveis explicações sobre a circunstância de crianças relatarem lembranças de vidas passadas. Nós abordamos todos os casos com curiosidade científica. O nosso trabalho é examinar o fenômeno e tentar extrair dele a melhor explicação para cada episódio. Em especial, a questão de saber se um caso representa ou não um evento paranormal — ou seja, que escapa à visão científica corrente — está sempre diante de nossos olhos e, sob vários aspectos, é a que mais importa em nossa tarefa. A essa questão nem sempre podemos responder. Uma criança às vezes garante lembrar-se de sua vida passada, mas nada diz sobre ela que não possa ter sabido por meios normais. Em circunstâncias assim, não cabe a nós concluir que a criança é a reencarnação da pessoa cuja vida ela alega evocar. Ao mesmo tempo, não podemos dizer com certeza que as declarações da criança são falsas só por não haver evidências em seu apoio.

Examinamos cada caso com o intuito de aprender o máximo possível sobre ele. Não o examinamos com espírito prevenido. Estamos abertos a todas as possibilidades, inclusive a de que um vínculo paranormal possa existir — ou não — entre a criança e a pessoa falecida.

Essa atitude é necessária na pesquisa científica, a fim de evitar dois extremos. De um lado, os adeptos da reencarnação costumam aceitar rapidamente quaisquer alegações de renascimento que apóiem as suas crenças. De outro, pessoas convencidas da existência exclusiva do universo material, em cujo número se incluem os chamados "céticos de carteirinha", sem dúvida desdenharão quaisquer declarações que desafiem os seus postulados. Embora, na esfera científica, exista quem seja tão dogmático quanto um fanático religioso, julgar a partir de crenças entranhadas não condiz com uma pesquisa científica rigorosa.

Por isso, estamos abertos a todas as possibilidades. Quer isso dizer que, quando uma criança diz lembrar-se de uma vida passada, presumimos que ela talvez esteja dizendo a verdade. Por outro lado, a criança pode estar alimentando uma fantasia ou ter sido mal-interpretada pelos adultos. Procuramos, então, definir qual o cenário mais provável. Embora seja essa a nossa atitude, optei, ao escrever o presente livro, por não repetir que as lembranças infantis de uma outra vida são "pretensas" ou "supostas". Isso seria aborrecido e irritante tanto para o escritor quanto para o leitor, além de desnecessário, pois fui bastante explícito quanto à nossa abordagem dos casos. Eu poderia também colocar a expressão "lembranças de uma vida passada" sempre entre aspas — mas isso seria igualmente entediante.

Especularei vez por outra sobre qual possa ser o significado de um fato caso as lembranças sejam realmente de uma vida pregressa. Embora isso não queira dizer que concluí pela veracidade das lembranças, não pretendo evitar áreas de sumo interesse só por não termos ainda a prova cabal desta ou daquela possibilidade.

No que tange às explicações possíveis, são de dois tipos. Os casos decorrem de um processo normal ou paranormal. A lista seguinte esboça as várias explicações que devemos levar em conta.

Explicações Normais

FRAUDE

Isso significaria que a mãe de Abby mentiu de caso pensado sobre o que aconteceu. Teoricamente, é possível. Abby não se lembrava daquela noite quando a encontramos dois anos depois e não havia ali nenhuma outra testemunha para confirmar a história. Alguém poderia tê-la inventado, caso tivesse motivos para tal, e por isso só relatamos casos em que nós próprios entrevistamos as famílias. E quando o fazemos, tentamos descobrir até que ponto são dignas de crédito.

O problema da explicação fraudulenta é que, na grande maioria dos casos, a família não tinha motivo algum para inventar a história. A mãe de Abby não, com toda a certeza. Só o que ela ganhou por nos ter procurado foi ver a sua casa invadida por um psiquiatra e um psicólogo que não paravam de fazer perguntas; portanto, a menos que necessitasse muito da atenção de dois estranhos, nada a induziria a mentir para nós. Embora a mãe de Abby acreditasse em reencarnação, o seu marido não acreditava. O homem não pareceu nada exultante com a nossa presença, de sorte que a possibilidade de deixá-lo constrangido contribuiria ainda mais para que ela não inventasse a história quando entrou em contato conosco. De igual modo, as pessoas envolvidas com casos em outros países não lucram nada materialmente. Embora, em raras ocasiões, a família do sujeito tenha tentado extorquir presentes da família da personalidade anterior, trata-se quase sempre de gente simples, honesta, cujos filhos contam coisas extraordinárias.

Além disso, o caso de Abby é pouco comum porque só existe uma testemunha. Na maioria das vezes, numerosos membros e amigos da família ouvem a criança falar de vidas passadas, e depois os da família da personalidade anterior também ouvem a mesma coisa. Para haver fraude é preciso haver conspiração; e, embora o fato possa trazer às famílias uma breve notoriedade, a falta de qualquer benefício de peso para todas as pessoas envolvidas num empreendimento tão complicado torna essa possibilidade bastante improvável.

A outra possibilidade é que os próprios pesquisadores inventaram os casos. Como poderá o leitor saber se conhecemos mesmo essas crianças? Sucede que as notas de campo arquivadas em nossos escritórios provam que as entrevistas realmente aconteceram. Além disso, quem ler as anotações do Dr. Stevenson, nas quais se ressaltam os pontos fortes e fracos dos casos, logo verá que ele não cometeu fraude alguma, embora possa ter se enganado quanto à significação real dos fatos. Outra objeção prática à fraude de investigador é que seis de nós publicamos casos, de modo que ela teria de envolver vários profissionais que nunca revelaram tendência para a desonestidade em seu trabalho.

Embora haja a possibilidade de a mãe de Abby ter inventado a história, são pouquíssimas as chances de a fraude ser responsável por este e pelos outros casos como um todo.

FANTASIA

Neste cenário, Abby teria inventado uma história ao dizer à mãe que se lembrava de lhe dar banhos. Temos de considerar essa possibilidade nos casos em que as declarações da criança não são verificadas, ou seja, casos não-resolvidos. Em muitos de nossos episódios americanos, as crianças falaram longamente sobre uma época anterior em que viveram, mas, como não forneceram nomes, as suas declarações permanecem em suspenso. Podemos pensar que é estranho ouvir uma criança fantasiando dessa maneira, particularmente se aos pais desagrada a idéia de reencarnação, e mais estranho ainda quando a criança passa a se envolver emocionalmente na história; todavia, a menos que a criança revele conhecimentos que podem ser comprovados, a fantasia não pode ser descartada.

É claro, muitas dessas crianças, inclusive Abby, parecem revelar conhecimentos que não poderiam adquirir pelos meios normais, e assim a coincidência se junta à fantasia como parte da explicação. Em se tratando de Abby, isso significaria que ela acertou o nome da bisavó por mero acaso. Ela precisou de duas tentativas para acertar, dobrando portanto as suas chances de sucesso; mas, considerando todos os nomes possíveis que poderia ter mencionado, mesmo dobrar as chances torna o acerto um tiro a longuíssima distância.

Os defensores da coincidência dirão: "Não vá tão depressa." Sustentam que seremos ludibriados pela improbabilidade de um evento exceto se considerarmos o número de tentativas necessárias para produzi-lo. Então, a idéia de que Abby poderia adivinhar o nome da bisavó parece incrível — mas nós ouvimos falar do caso justamente porque ela acertou. Um acerto em um milhão de erros só parece espantoso quando não ficamos sabendo que um milhão de outros erros ocorreram juntamente com o acerto. À guisa de exemplo, o fato de ninguém ganhar na loteria talvez pareça inacreditável, dadas as imensas chances de ganhar, mas pessoas ganham todas as semanas porque muitas jogam. Se as chances forem de vinte milhões para uma e mais de vinte milhões de pessoas jogarem, não causará surpresa se uma delas ganhar.

As chances de acertar um nome são evidentemente maiores que no caso da loteria, visto que existem centenas, mas não milhões de nomes. Contudo, esse argumento enfrenta sérias dificuldades quando atentamos para a sua possível conclusão: centenas de crianças americanas já disseram aos pais que foram os seus bisavós, mas a única família ouvida por nosso grupo foi a de Abby, uma vez que nos outros casos os nomes estavam errados. Isso pode estar acontecendo por toda a América, mas semelhante possibilidade parece absurda.

Há também o caso de Suzanne Ghanem, mencionado no Capítulo 1. Ela acertou os nomes de 25 pessoas conhecidas em vida pregressa e o seu grau de relacionamento com a personalidade anterior, dando apenas um nome incorreto. As chances de ela ter acertado tantas vezes por mera coincidência são tão pequenas que se aproximam de zero, a menos que imaginemos existir milhões de crianças a fornecer 25 nomes enquanto falam de vidas passadas aos pais, tendo Suzanne sido a única a dar os nomes corretos.

Os casos de nomes corretos tornam inviável o argumento da coincidência. Mas há casos que, claramente, podem dever-se à coincidência. Se uma criança faz declarações gerais sobre uma vida, mas não menciona a localização, o número de concordâncias potenciais tende a ser bastante elevado, podendo saber-se de um morto cuja vida foi muito parecida à que a criança descreveu por mera coincidência. Ainda que a criança mencione a localização, a coincidência continua a ser uma possibilidade se os detalhes fornecidos forem escassos. Se a criança diz: "Fui um homem que morreu na Califórnia", é claro que incontáveis pessoas se enquadrariam na descrição.

Conforme veremos, os nossos casos apresentam muito mais detalhes que isso.

CONHECIMENTO ADQUIRIDO POR MEIOS NORMAIS

De acordo com essa alternativa, a criança adquiriu informação sobre a vida prévia por meios normais e apenas esqueceu a fonte dessa informação. Assim, Abby teria ouvido pronunciar o nome da bisavó em algum momento e esquecido o fato, como a sua mãe, mas não esqueceu o nome. Esse raciocínio tem a sua lógica. Freqüentemente temos conhecimento de fatos, mas não nos lembramos de quando eles nos foram comunicados. No caso em pauta, a mãe estava convicta de que a filha jamais tinha ouvido o nome da bisavó e a menina era pequena demais para poder lê-lo em um documento qualquer da família. A idéia de que ela soubesse o nome de uma bisavó morta nove anos antes do seu nascimento é, pois, altamente improvável. A maioria das crianças de quatro anos de idade ignora os nomes de seus bisavós falecidos e muitos de nós nem sequer os sabemos quando adultos.

Em comparação com casos que envolvem estranhos, no de Abby a possibilidade de o conhecimento ter sido adquirido por meios normais é ainda maior, porquanto o sujeito e a personalidade anterior estão na mesma família. Ter certeza de que a criança não ouviu algo sobre a personalidade anterior pode ser difícil. Ainda que isso tenha acontecido com Abby, não se explica por que mais tarde ela pensava ter sido a bisavó nem por que lhe ocorreu a lembrança de ter dado banhos na mãe. Sabemos que crianças pequenas gostam de fantasiar, mas esse seria um joguinho bem estranho de faz-de-conta.

Mais importante, precisamos explicar os casos em que crianças forneceram inúmeros detalhes específicos sobre pessoas mortas a quilômetros de distância. Aqui, muitas vezes, parece difícil que as crianças tenham tido oportunidade de receber a informação. Acima de tudo, cabe a nós tentar imaginar o que as levou a pensar que foram esses estranhos numa vida passada.

No tocante a Abby, isso é improvável mas possível, uma vez que em algum momento ela poderia ter ouvido o nome da bisavó, a despeito da certeza da mãe de que isso não tinha acontecido; todavia, em muitos outros casos, seria impossível.

FALHA DE MEMÓRIA DOS INFORMANTES

A mãe de Abby poderia ter lembrado de maneira incorreta a conversa que teve com a filha naquela noite. Contra isso ergue-se o fato de, aguardando a resposta da menina à sua pergunta sobre o nome da bisavó, a mãe saber da importância dessa resposta. Não foi algo que ocorreu inesperadamente, enquanto ela estava atarantada, como no caso de testemunhas de cenas de crime, cujas declarações usamos para condenar pessoas mesmo sabendo que nessas circunstâncias elas podem ser precárias. A mãe esperava, ansiosa, que a filha fornecesse pistas comprobatórias da declaração sobre a vida passada feita instantes atrás, aumentando-lhe as chances de evocá-la corretamente.

A falha de memória dos informantes é a explicação mais viável para muitos de nossos casos, pois com freqüência só tomamos conhecimento dos casos asiáticos bem depois dos eventos em questão. Encontramos diversos episódios em que a família contou o seguinte: a criança forneceu inúmeros detalhes específicos sobre uma existência passada, inclusive o nome da aldeia onde viveu a personalidade anterior. Os pais foram então até a aldeia com a criança, que reconheceu membros da família anterior ou objetos a eles pertencentes. Às vezes, a criança foi também capaz de mencionar um pormenor a respeito de determinada pessoa ou a localização de um objeto que apenas uma ou duas pessoas conheciam.

Os críticos alegam que as famílias decerto se lembraram incorretamente dos acontecimentos. Eis o raciocínio: a criança oriunda de um meio onde predomina a crença na reencarnação imagina ter vivido antes e conversa a respeito com a família. Os pais, ansiosos por confirmar a realidade das vidas pregressas, encontram outra família que perdeu alguém cuja vida condiz de um modo geral com a relatada pela criança. As duas famílias então se encontram e trocam informações. Convencem-se de que o morto renasceu e passam adiante a informação. Quando aparece um pesquisador para examinar o caso, ambas as famílias atribuem à criança mais informações sobre a personalidade anterior do que ela de fato forneceu.

Há essa possibilidade porque os aldeões envolvidos geralmente não registram por escrito o que a criança falou e o investigador só chega depois que as duas famílias se encontraram. Documentaram-se várias exceções a isso; por exemplo, o caso de Bishen Chand Kapoor, na Índia. O primeiro investigador do fato tomou nota das palavras da criança antes da solução do caso, que incluíam o nome do pai da personalidade anterior (embora o menino se referisse a ele como seu tio), a sua casta, a cidade onde ele viveu (a quarenta quilômetros da casa do menino), o fato de ele ser solteiro, ter freqüentado o Colégio Público, perto de um rio, até a sexta série, e saber urdu, hindi e inglês, a descrição de sua casa de dois andares com um santuário e apartamentos separados para homens e mulheres, o seu grande amor pelo vinho, peixes e dançarinas, e o nome de um vizinho, Sunder Lal, que tinha uma casa com portão verde. Todas essas informações estavam corretas, mas o menino atribuiu a idade errada à personalidade anterior por ocasião de sua morte (disse vinte, quando o homem tinha morrido aos trinta e dois anos) e não acertou o nome do bairro onde o homem havia morado. Levado àquela cidade, identificou a personalidade anterior e seu pai numa velha fotografia, e ainda reconheceu sete lugares. Foi capaz de indicar até mesmo o quarto onde o pai da personalidade anterior havia escondido um punhado de moedas de ouro, só descobertas depois dessa informação.

Ao todo, existiam registros escritos para mais de trinta casos antes da identificação da personalidade anterior, alguns dos quais discutiremos nos capítulos seguintes. Esse número mal ultrapassa 1% dos 2.500 que temos em arquivo. A alegação de falha de memória deverá induzir-nos a desprezar os outros 99%?

Conforme já mencionei, bem sabemos que a memória humana não é infalível, mas isso não significa que não tem valor. Ao contrário, nós a valorizamos grandemente em inúmeras situações. Certos aspectos dos casos, aliás, exigem que façamos isso. As crianças nem sempre falam aos pais a respeito de vidas pregressas uma vez só, como aconteceu com Abby, mas insistem repetidamente no assunto. Os pais não raro as levam ao lugar indicado porque elas lhes esgotaram a paciência à força de pedir isso. Os pais freqüentemente têm várias oportunidades de saber com exatidão o que os filhos estão dizendo antes mesmo de conhecer a outra família.

Em muitos casos, várias testemunhas ouviram o que a criança disse sobre a vida pregressa antes do encontro das duas famílias, visto que ela vinha falando insistentemente sobre isso há anos. Nesse caso, é preciso que inúmeras pessoas tenham falha de memória quanto às declarações da criança para justificar a possibilidade de erro do informante.

Vale notar ainda que, havendo estranhos envolvidos, a criança precisa fornecer detalhes o bastante para que os pais descubram uma família com um membro falecido cuja vida combine com as declarações. Isso freqüentemente implica nomes de pessoas e lugares ou número substancial de pormenores. Mesmo que os pais tenham lembranças vagas sobre as declarações do filho antes do encontro das famílias, essas declarações precisam incluir certo número de outras que sejam distintivas.

Casos há em que a explicação da falha de memória da família é altamente irrelevante: por exemplo, aqueles para os quais existem registros escritos das declarações elaborados antes do encontro das famílias. Também não envolvem falha de memória os casos com marcas ou defeitos de nascença nos quais relatórios de autópsia confirmam que a criança realmente nasceu com um sinal semelhante a um ferimento sofrido pela personalidade anterior.

Mesmo na ausência desses elementos, outros componentes de muitos de nossos casos têm de ser lembrados. Saudade intensa da primeira família, fobias renitentes relacionadas ao tipo de morte da personalidade anterior e preferências bizarras podem compor semelhantes casos, e não dependem das lembranças que a família porventura tenha de certas declarações. Considerando-se que o caso de Abby não apresenta nenhuma dessas características, a possibilidade de falha de memória do informante torna-se aqui mais forte que em muitas outras situações. Por outro lado o caso de Abby, como dezenas de outros semelhantes nos Estados Unidos, mostra que crianças costumam discorrer sobre vidas passadas mesmo em culturas onde não predomina a crença na reencarnação. Isso inviabiliza a premissa do argumento da falha de memória segundo a qual as culturas asiáticas fomentam tais casos devido à crença predominante na reencarnação. Embora devamos ter em mente que a crença da mãe de Abby na reencarnação pode ter afetado a menina, resta a pergunta: o que levaria crianças americanas, muitas das quais têm famílias que não acreditam na reencarnação, a supor que reencarnaram? E o que fazer diante do fato de Abby não apenas supor que reencarnou, mas dar também detalhes sobre a sua vida passada?

Se concluirmos que a mãe de Abby tem problemas de memória, deveremos assumir que as famílias envolvidas em outros casos quase idênticos nos Estados Unidos também têm. Recentemente me correspondi com uma mãe cuja filha de dois anos e meio lhe disse certa feita: "Sou Debbie, a sua mamãe." Essa senhora achava que nunca havia mencionado o nome de sua própria mãe, falecida há 25 anos, à filhinha, e muito menos o apelido. Em outro caso uma menina entre dois anos e meio e três confidenciou à mãe: "Fui a sua avó e não posso andar." A família assegurou que ninguém jamais havia dito à menina que a sua bisavó era incapaz de se locomover por causa da poliomielite. Num quarto caso, uma garotinha de três anos insistiu várias vezes que havia sido a sua bisavó, dizendo inclusive à avó, que tinha sido adotada com a idade de três anos: "Você era pequenina como eu quando veio viver comigo em minha casa." A avó ficou perplexa, como as testemunhas dos outros casos. Presumiremos então que toda essa gente tinha falha de memória com relação a informações tão claras?

MEMÓRIA GENÉTICA

Essa interpretação, aqui incluída apenas com vistas à completude, vincula as duas categorias explicativas, a dos meios normais e a dos meios paranormais, porque implica um processo "normal" não-aceito pelo pensamento médico ortodoxo. Memória genética é o conceito segundo o qual o conhecimento adquirido pode transmitir-se pelos genes aos descendentes. Não se sabe como a informação pode alterar a estrutura genética das células do indivíduo e há, na esfera médica, quem não acredite nisso. Embora aceitando que a transmissão seja possível, o problema óbvio da memória genética como explicação para tais casos é que, em muitos deles, a criança não tem parentesco algum com a personalidade anterior. Muitas pessoas pensam que, de certa maneira, todos somos remotamente aparentados; mas aqui é necessário que a criança seja, além disso, descendente direta da personalidade anterior para captar as lembranças gravadas em seus genes. Não é o que se dá na maioria de nossos casos, uma vez que a memória genética não os explica. Abby, sem dúvida, é descendente direta de sua bisavó; mas como a lembrança desta, de banhar a mãe de Abby, veio depois de ela gerar a filha, essas lembranças não poderiam estar incluídas nos genes que Abby acabou por herdar.

Explicações Paranormais

Como "paranormal" significa algo que está além da explicação científica corrente, alguns leitores talvez encarem todas essas situações como absurdas. Eles, sem dúvida, ignoram o volume de pesquisas feitas em parapsicologia, que não tenciono reproduzir aqui. Se quisermos considerar a reencarnação uma explicação viável para esses casos, teremos de considerar também outras possibilidades paranormais.

PERCEPÇÃO EXTRA-SENSORIAL (PES)

Como o nome indica, a PES envolve percepção por outros meios que não os sentidos físicos. Vários tipos já foram descritos. Graças à *telepatia*, uma pessoa tem acesso à mente de outra por meios paranormais. No caso de Abby, isso significa que ela teria lido a mente da mãe para acertar o nome da bisavó. Outro tipo é a *clarividência*, pela qual uma pessoa adquire informações de natureza paranormal sem extraí-las da mente de outra. Por exemplo, quem consegue fornecer detalhes sobre determinada pessoa depois de manusear objetos que lhe pertencem, como uma chave de carro, é clarividente caso esses detalhes não tenham sido deduzidos da aparência dos objetos.

O conceito de *superpsi* sustenta que podemos, por intermédio da PES ou psi, como também é chamada, conhecer tudo o que é possível conhecer. Isso significa que Abby poderia saber o nome da bisavó mesmo que a sua mãe não o soubesse, desde que alguém em algum lugar tivesse conhecimento dele e estivesse ou não com esse nome em mente no momento. Então, poderia saber ainda que nenhuma pessoa viva o soubesse, desde que estivesse escrito em algum lugar: ela o captaria por clarividência. Esse conceito preceitua que a PES é poderosa o bastante para explicar quaisquer indícios de sobrevivência após a morte do corpo. Se um médium revela a alguém que, segundo a sua falecida tia Suzy, há um cofre de dinheiro enterrado sob determinada árvore no quintal, e a pessoa realmente o encontra, a hipótese *superpsi* dirá que o médium obteve a informação por clarividência e não por conversar com o espírito da tia. Todo conhecimento verificável posteriormente pode ter ficado ao alcance da pessoa graças a *superpsi*.

Um problema apresentado pela idéia de *superpsi* é o fato de ser tão ampla que podemos usá-la para explicar qualquer coisa. Dado que a *superpsi* pode ser responsável por tudo o que uma pessoa venha a conhecer, não é possível descartá-la mediante testes — nem, por conseqüência, aceitá-la.

Ainda que acatemos a possibilidade de telepatia, clarividência ou *super-psi*, a explicação PES, como muitas das que integram o grupo normal, só consegue esclarecer parte do caso. Ela poderia explicar como Abby conseguiu adivinhar o nome da bisavó, mas não diria por que Abby pensava ter sido a bisavó. O senso de identificação, tão forte em muitos desses casos, é bem mais que um mero conhecimento paranormal: é a certeza de ter sido outra pessoa. As informações que as crianças dão sobre vidas pregressas fundam-se no ponto de vista da personalidade anterior.

A explicação PES também não funciona quando se observam marcas de nascença. Se considerarmos os 225 casos reproduzidos em *Reincarnation and Biology*, nos quais o sujeito apresentava uma marca ou defeito de nascença semelhante a um ferimento sofrido pela pessoa morta, necessitaremos de outra explicação para o sinal se concluirmos que as declarações da criança foram obtidas por PES.

Afora esses problemas há o fato de, com pouquíssimas exceções, essas crianças nunca exibirem outras habilidades paranormais. Abby certamente não as exibia. Crianças assim não são jovens místicos esperando crescer para se transformar em médiuns: são crianças que se desenvolvem normalmente, como quaisquer outras.

Abby era uma garotinha de quatro anos sem nenhuma capacidade paranormal que pudesse indicar-lhe o nome da bisavó depois de ela mencionar uma circunstância de sua vida. A impressão de ter sido a bisavó não brotou do seu conhecimento do nome. Ao contrário, a capacidade de fornecer o nome manifestou-se depois da aparente recordação de parte daquela vida. Isso torna a PES uma explicação frágil e incompleta para o caso.

POSSESSÃO

Essa é a idéia segundo a qual um espírito passou a habitar o corpo e a mente de uma pessoa. Quando ouve a palavra "possessão", muita gente pensa logo em espíritos malignos apoderando-se do corpo de alguém, como no filme *O Exorcista*. Mas ela pode referir-se também a idéias mais benignas, como o espírito de uma pessoa falecida, sem corpo próprio, que vem instalar-se no de outra. Como tal, a principal diferença entre possessão e reencarnação seria o momento em que o espírito passasse a ocupar o corpo. Se o espírito do morto entrasse no novo corpo antes do nascimento, isso não diferiria em nada da reencarnação, a menos que forçasse outro espírito a sair. Pelo que sabemos, espíritos podem lutar por um corpo a qualquer momento.

A possessão deve ser examinada em situações nas quais a pessoa passa por uma mudança significativa de personalidade, começa a lembrar-se de uma vida anterior e esquece acontecimentos da atual. Não é o caso dessas crianças e certamente não o de Abby. Ela parece ter tido apenas um ligeiro vislumbre de uma lembrança remota, e isso é bem diferente de ver o corpo e a mente tomados pelo espírito da bisavó. Nos casos em que se observam mais lembranças e declarações, as famílias não relatam que grandes mudanças ocorreram na personalidade ou nas habilidades quando as evocações começaram. Ao contrário, alguns elementos dos casos — por exemplo, fobias relacionadas à causa da morte da personalidade anterior — às vezes se manifestam bem antes de a criança começar a falar de uma vida passada.

REENCARNAÇÃO

Chegamos agora à derradeira possibilidade: a reencarnação, conceito referente ao fato de uma pessoa morrer e renascer em outro corpo. Nesse caso, quando a bisavó de Abby faleceu, a sua consciência não deixou de existir: renasceu como parte de Abby, que mais tarde começou a ter lembranças da existência anterior.

Essa idéia condiz com o que Abby supunha lembrar: os banhos que dava na mãe quando esta era bebê e ser a avó da mãe. Há no máximo duas pessoas que poderiam lembrar-se de ter feito ambas as coisas e uma delas chamava-se Ruthie. Essa explicação não revela onde ela esteve nos anos intermediários nem como acabou se transformando em Abby; mas parece explicar melhor os fatos do que a PES ou a possessão.

A idéia da reencarnação também não explica por que tal lembrança era tão fugidia para Abby. Em outros casos, algumas crianças só falam a respeito das lembranças em certas ocasiões, enquanto outras parecem ter acesso a elas o tempo todo, durante a primeira etapa de suas vidas. Talvez não nos deva surpreender o fato de a lembrança variar. Algumas pessoas não se lembram de nada de sua infância; outras se lembram de quase tudo. Às vezes, acontecem coisas capazes de despertar uma lembrança que não nos ocorria há anos. Temos também lembranças do passado distante que não conseguimos apreender de todo. Temos delas um vago pressentimento, que pode aguçar-se caso lhes prestemos mais atenção. Essa situação costuma ser similar à evocação dos sonhos. Lembramo-nos de alguns ao despertar, mas depois eles desaparecem, às vezes logo em seguida. A lembrança estava lá e desapareceu. Assim parece ter sido a evocação de Abby.

Sem dúvida, parecendo tão notável a idéia de que uma criança possa lembrar-se de uma vida anterior, não deveríamos inquietar-nos pelo fato de a recordação ser tão passageira. Quando examinamos o conjunto dos casos, vemos que muitas das crianças tiveram recordações similares por pelo menos alguns anos.

Uma vantagem da idéia de reencarnação é que ela fornece explicações para as diversas partes dos casos. A identificação com a personalidade anterior ocorre porque as crianças, de fato, foram as personalidades anteriores em outra vida. As lembranças simplesmente passaram da consciência sobrevivente para a nova existência. As marcas de nascença refletem feridas tão profundas para as pessoas mortas que acabam afetando a consciência quando esta transita para a nova vida, de sorte que as marcas aparecem nos novos corpos.

A desvantagem dessa explicação é que o termo "reencarnação" não nos diz tudo o que gostaríamos de saber. Para onde vai a consciência no espaço entre-vidas? Quando penetra no novo corpo? Por que algumas crianças têm recordações de vidas passadas e a maioria delas, não? Os casos oferecem umas poucas pistas sobre essas questões, como veremos nos capítulos seguintes, mas nenhuma resposta definitiva foi até agora obtida. Vem agora a pergunta mais intrigante: se aquelas crianças tiveram vidas anteriores, isso significa que todos nós reencarnamos? A tal respeito só nos cabe especular e é o que faremos mais adiante.

Se aceitarmos, por enquanto, a possibilidade de o caso de Abby ser um exemplo de reencarnação, então teremos de refletir sobre o que teremos de aprender com ele. Abby, como a maioria das outras crianças mencionadas, nada revelou a respeito de experiências entre-vidas, por isso não explicou como e por que havia voltado. A fim de examinar por que ela renasceu da mãe, deveremos reconhecer que a mãe e a bisavó eram muito ligadas. Uma vez que elas tiveram alguns atritos durante a adolescência da mãe, a bisavó pode ter voltado para resolver essas diferenças. A mãe declarou que elas já haviam se reconciliado enquanto a bisavó ainda era viva, de modo que o que parece mais provável é ter ela se sentido atraída para a mãe de Abby graças aos aspectos positivos do seu relacionamento.

O caso de Abby praticamente não esclarece em nada como isso ocorreu, se ocorreu de fato. Não sabemos se a bisavó optou por nascer da mãe de Abby ou simplesmente por nascer. Talvez não haja tomado a decisão consciente de voltar, mas sentiu-se arrastada para a mãe de Abby de maneira emocional, análoga à atração magnética. Só podemos conjeturar. Veremos casos nos quais as crianças descreveram lembranças de eventos entre-vidas e tentaremos descobrir se esses casos fornecem pistas sobre o que levaria uma pessoa a voltar para o seio de uma determinada família. Por ora, contentemo-nos com aceitar que casos como os de Abby sugerem a possibilidade de relacionamentos em uma existência poderem ser retomados em outra.

Voltemos à história de Abby, só que agora com a lista inteira de explicações em mente. A explicação mais *normal* seria talvez a da memória precária do informante, neste caso a mãe. As outras explicações não parecem tão racionais. Embora a mãe de Abby possa ter inventado a história, não existem evidências de fraude e nenhuma motivação aparente para elas. Não é provável que Abby tivesse simplesmente adivinhado o nome da bisavó. Ainda que o soubesse por tê-lo ouvido, isso não explicaria por que ela pensava ter sido a bisavó e por que não conseguiu repetir esse mesmo nome à mãe dias depois. A lembrança incorreta da conversa, por parte da mãe, seria a melhor explicação pelos processos normais, a despeito do fato de ela estar plenamente ciente do significado da resposta de Abby antes mesmo que a menina a desse; portanto, a mãe se concentrou na resposta e melhorou as chances de evocá-la corretamente.

Parte do atrativo dessa explicação é o sentimento de que "Isso não pode ter acontecido; a mãe deve estar enganada". Em outras palavras, se a mãe tivesse se lembrado da conversa corretamente, encontraríamos dificuldade em explicar o caso pelos meios normais. Quer dizer então que precisamos recorrer aos meios paranormais. Entre essas possibilidades, a reencarnação é mais plausível aqui do que a PES ou a possessão.

A escolha, pois, parece resumir-se à reencarnação ou à eventualidade de a mãe de Abby ter embelezado a história, intencionalmente, no caso de fraude, ou involuntariamente, no caso de memória precária. Qual é, para nós, a melhor opção? A resposta, a essa altura, será que não dispomos de informação suficiente. Os críticos dirão sem dúvida que uma simples conversa intrigante não prova nada e decerto não basta para modificar radicalmente a nossa visão de mundo. Cabe lembrar, contudo, que esse tópico envolve mais que uma conversa simples. Há dezenas de outros casos parecidos ao de Abby nos Estados Unidos, muitos deles envolvendo pais que jamais se preocuparam com a idéia de reencarnação antes de os filhos começarem a falar no assunto. Devemos também levar em conta as centenas de casos de crianças provenientes de outras culturas, algumas ostentando marcas de nascença semelhantes a feridas nas pessoas mortas, outras exibindo conhecimento detalhado de gente estranha em lugares distantes, outras ainda ansiosas por regressar ao seio da família anterior ou revelando comportamentos que lembram estranhamente os de uma vida passada. O caso de Abby nem sequer é um dos mais empolgantes.

Não descartemos a coisa toda antes de revê-la com cuidado. Talvez estejamos sendo excessivamente apressados, por enquanto, até mesmo ao perguntar o que explicaria semelhante fenômeno; mas essa é uma pergunta que estará por trás de todos os aspectos dos casos que examinaremos. Voltaremos, pois, a ela quando estudarmos cada tipo de caso.

CAPÍTULO 4

Marcadas por Toda a Vida

Patrick Christenson é um menino que nasceu de parto por cesariana em Michigan, no ano de 1991. Quando as enfermeiras o levaram para a mãe, ela imediatamente percebeu estar na presença do primeiro filho, falecido de câncer aos dois anos de idade, em 1979, doze anos antes. A mãe notou imediatamente que a criança exibia três defeitos parecidos com os do outro filho quando morreu.

O primeiro filho, Kevin, começou a mancar com a idade de um ano e meio. Certa feita, caiu e quebrou a perna esquerda. Isso levou a um exame médico que incluiu a biópsia de um nódulo no couro cabeludo, acima da orelha direita. Os médicos diagnosticaram câncer já com metástase. Uma radiografia dos ossos revelou diversos pontos anormais. O olho esquerdo do menino estava protuberante e inflamado devido a um tumor. Ele recebeu quimioterapia para uma vasta área central, do lado direito do pescoço. Embora a área do pescoço por onde os agentes quimioterápicos entravam no seu corpo ficasse inchada e ligeiramente congestionada várias vezes, ele não teve problemas maiores com o tratamento e acabou recebendo alta. Passou a ser tratado em casa, mas retornou ao hospital cinco meses depois. Àquela altura, parecia cego do olho esquerdo. Estava com febre, tomou antibióticos e foi dispensado. Morreu dois dias mais tarde, três semanas antes de completar dois anos.

Os pais de Kevin se separaram após sua morte e a mãe voltou a se casar. Deu à luz uma menina e um menino antes do nascimento de Patrick. Ao nascer, ele exibia uma marca oblíqua, com a aparência de um pequeno corte, no lado direito do pescoço — a mesma localização da incisão de Kevin —, um nódulo no couro cabeludo acima da orelha direita, tal qual o tumor biopsiado de Kevin, e uma opacidade no olho esquerdo diagnosticada como leucoma da córnea, o que lhe diminuía, como a Kevin, a visão daquele olho. Quando começou a andar, viu-se que mancava da perna esquerda.

Com cerca de quatro anos e meio, Patrick começou a contar à mãe coisas que, no entender dela, estavam relacionadas à vida de Kevin. Por algum tempo, falou em querer voltar para a sua antiga residência e disse que havia deixado a mãe lá. Explicou que a casa era alaranjada e marrom, conforme era na realidade. Perguntou à mãe se se lembrava da cirurgia pela qual ele havia passado; e quando ela lhe disse que não tinha havido nenhuma cirurgia, apontou para a área acima da orelha direita, onde Kevin teve o seu nódulo biopsiado. Patrick disse também que não se lembrava, ele próprio, da cirurgia porque estava dormindo na ocasião. De outra feita, viu uma fotografia de Kevin (normalmente, as fotos de Kevin não eram mostradas na casa) e disse que se tratava dele.

Depois que Patrick começou a fazer essas declarações, a mãe entrou em contato com Carol Bowman, autora de dois livros sobre crianças que falam de vidas anteriores — *Children Past Lives* e *Return from Heaven*. Conversaram por telefone diversas vezes, com Carol oferecendo orientação a respeito de como lidar com os problemas de vidas passadas que pareciam estar surgindo. Mais tarde, comunicou-nos o fato, para que o investigássemos. O Dr. Stevenson e eu visitamos então a família, quando Patrick tinha cinco anos.

Uma vez lá, examinamos e fotografamos a marca de nascença no pescoço de Patrick, uma linha curva, escura, de 4 mm na parte inferior do lado direito do seu pescoço, que parecia um corte cicatrizado. O nódulo na cabeça era difícil de ver, mas fácil de palpar, de sorte que documentamos a pequena massa ali existente. Notamos a opacidade no olho esquerdo de Patrick e obtivemos cópias dos exames oftalmológicos a que ele havia se submetido. Nós o vimos andar e logo reparamos que de fato mancava um pouco da perna esquerda, embora nenhuma condição médica explicasse o problema. Conseguimos o prontuário médico de Kevin, que documentava a história já descrita, inclusive as lesões que pareciam corresponder às marcas de nascença subseqüentes de Patrick. Levamos o menino à casa onde Kevin tinha vivido com a mãe. Patrick, infelizmente, não pronuncia bem as palavras e às vezes é difícil entendê-lo, mas não disse nada que indicasse em definitivo que reconhecia a casa.

Em suma, Patrick apresentava três marcas pouco usuais de nascença, que pareciam corresponder às lesões do seu meio-irmão Kevin. Além disso, mancava desde que começara a andar e também havia mencionado eventos da vida de Kevin ao conversar com a mãe.

O caso de Patrick é um dos exemplos de marcas e defeitos de nascença sobre os quais o Dr. Stevenson escreveu em *Reincarnation and Biology: A Contribution to the Etiology of Birthmarks and Birth Defects*, livro no qual apresenta diversos casos de crianças que não apenas relataram lembranças de vidas passadas como exibiam sinais que evocavam feridas no corpo de personalidades anteriores. São crianças de várias partes do mundo, com diferentes tipos de marcas e defeitos. Embora eu não vá tentar resumir todos os 225 episódios ali narrados, alguns merecem ser revistos mais de perto.

O Caso de Chanai Choomalaiwong

Chanai Choomalaiwong nasceu na região central da Tailândia, em 1967, com duas marcas de nascença, uma na parte posterior da cabeça e outra acima do olho esquerdo. A família, num primeiro momento, não achou que aqueles sinais tivessem algum significado; mas, quando o menino completou três anos, começou a falar a respeito de uma vida anterior. Afirmou ter sido um professor primário chamado Bua Kai, que havia sido alvejado e morto a caminho da escola. Forneceu o nome de seus pais, esposa e dois dos filhos que teve naquela vida, pedindo sempre à avó, com quem vivia, para que o levasse à antiga casa, numa localidade chamada Khao Phra.

Por fim, estando ele ainda com três anos, a avó fez-lhe a vontade. Os dois apanharam um ônibus para uma cidade próxima a Khao Phra, situada a vinte quilômetros de sua aldeia. Quando saltaram do veículo, Chanai conduziu a avó em direção a uma casa onde, segundo afirmava, moravam os seus pais. A casa pertencia a um casal idoso cujo filho, Bua Kai Lawnak, fora professor e morrera assassinado cinco anos antes do nascimento de Chanai. A avó do menino, ao que se soube, tinha vivido a quatro quilômetros dali. Como possuía uma barraca onde vendia diversos produtos às pessoas das redondezas, tinha conhecido vagamente Bua Kai e sua esposa. Nunca havia estado na casa deles e não fazia idéia de para onde Chanai a estava conduzindo. Uma vez lá, o menino identificou os pais de Bua Kai, que se achavam em companhia de vários outros membros da família, como os seus pais. Eles ficaram tão impressionados com as suas declarações e marcas de nascença que o convidaram a voltar em breve. Chanai voltou e, na ocasião, o casal o testou pedindo-lhe que apontasse os pertences de Bua Kai entre muitos outros, e ele conseguiu. Reconheceu uma das filhas de Bua Kai e perguntou pela outra, citando-lhe o nome. A família de Bua Kai aceitou que Chanai fosse o filho renascido e ele a visitou muitas vezes. Insistia em que as filhas do falecido o chamassem de pai e, quando elas não obedeciam, recusava-se a falar com elas.

Quanto aos ferimentos de Bua Kai, não havia relatórios de autópsia disponíveis, mas o Dr. Stevenson conversou com diversos membros da família e ouviu que ele apresentava dois buracos na cabeça. A esposa lembrava-se de que o médico responsável pelo exame do corpo havia explicado que o orifício de entrada da bala era o da nuca porque tinha dimensões menores que o da testa. Aquilo combinava com as marcas de Chanai: uma pequena, circular, na nuca e outra maior, mais irregular, na testa. Ambas eram sem pêlos e de aspecto rugoso. Ninguém as fotografou até Chanai completar onze anos e meio, de sorte que determinar exatamente o seu ponto de localização na cabeça quando ele nasceu tornava-se difícil. Nas fotos, a maior aparece à esquerda, na parte superior da testa, mas testemunhas afirmam que se localizava mais embaixo quando Chanai era menor.

Neste caso, várias testemunhas concordam que um menino com marcas de nascença semelhantes aos ferimentos de entrada e saída de um projétil num homem morto tinha, a respeito da vida deste, informações que jamais lhe chegariam por meios normais e pôde sair-se bem em testes que a família do homem lhe preparou.

O Caso de Necip Ünlütaskiran

Outro caso mencionado em *Reincarnation and Biology* é o de Necip Ünlütaskiran, da Turquia. À época do seu nascimento, notou-se que exibia várias marcas de nascença na cabeça, rosto e peito. Os pais, de início, deram-lhe o nome de Malik, mas três dias depois a mãe teve um sonho no qual o bebê lhe dizia chamar-se Necip. Os pais resolveram então chamá-lo de Necati e não Necip, pois ambos os nomes se pareciam e já havia na família outra criança chamada Necip. Quando a criança teve idade suficiente para falar, insistiu em que seu nome era de fato Necip e recusou-se a atender por qualquer outro, de modo que os pais acabaram fazendo-lhe a vontade.

Necip demorou para falar e a se referir a uma vida anterior, mas, quando completou seis anos, pôs-se a dizer que tinha filhos. Aos poucos foi fornecendo outros detalhes, inclusive o fato de ter sido esfaqueado repetidamente. Afirmou que tinha vivido na cidade de Mersin, a setenta quilômetros da residência dos pais. A família não o levou até lá imediatamente, por lhe faltarem meios e não ter interesse no que o menino dizia.

Quando Necip fez doze anos, a mãe o levou a uma cidade perto de Mersin para visitar o pai dela e sua esposa, sendo que nenhum dos dois conhecia esta última. Quando Necip a viu, disse que agora ela era a sua avó de verdade, depois de sê-lo unicamente em aparência no passado. Falou-lhe de suas reminiscências da vida passada e a mulher confirmou que eram verdadeiras. Ela tinha morado anteriormente em Mersin, onde era conhecida como "Vovó". Um vizinho, de nome Necip Budak, tinha sido esfaqueado e morto pouco antes do nascimento do menino. O avô de Necip levou-o então até Mersin, onde ele reconheceu diversos membros da família de Necip Budak. Identificou dois objetos que haviam pertencido ao morto e declarou que Necip Budak outrora havia ferido a perna da esposa com uma faca, durante uma discussão, o que era verdade. O garoto não tinha visto as pernas da viúva, é claro, mas uma mulher da equipe do Dr. Stevenson examinou-as e confirmou que ela tinha uma cicatriz na coxa, provocada, segundo disse, pelo marido.

O Dr. Stevenson conseguiu obter uma cópia do relatório da autópsia de Necip Budak e, em seguida, descobriu que o menino Necip apresentava três marcas de nascença, que a família notara desde o primeiro momento e ainda eram visíveis quando o Dr. Stevenson o examinou aos treze anos: elas combinavam perfeitamente com os ferimentos descritos no relatório da autópsia. Além disso, Necip tivera outras três marcas que a família observara logo ao seu nascimento, mas não podiam mais ser vistas aos treze anos: elas também combinavam com os ferimentos descritos no relatório. O Dr. Stevenson encontrou ainda mais duas marcas em Necip, semelhantes às descritas no relatório, mas que a família nunca havia notado. Por último, o relatório aludia a vários ferimentos no braço esquerdo de Necip Budak que não tinham equivalentes no corpo do menino.

Em suma, Necip apresentava nada menos que oito sinais equivalentes aos ferimentos constatados no cadáver de Budak, assassinado a setenta quilômetros de distância. Afora isso, o menino tinha fornecido detalhes corretos sobre a vida de Necip Budak e reconhecido membros de sua família.

Nos dois casos que acabo de descrever, o sujeito apresentava uma conexão bastante acentuada com a personalidade anterior. A avó de Chanai tinha conhecido um pouco o falecido e a avó adotiva de Necip conhecera-o bem. Na maioria dos casos constantes de *Reincarnation and Biology*, a conexão é ainda mais forte. Muitos são casos ocorridos na mesma família ou do tipo em que a criança e a personalidade anterior viveram na mesma aldeia ou pelo menos em localidades próximas.

Podemos ver essas conexões de várias maneiras. Uma explicação para boa parte dos episódios é que a marca de nascença na criança aponta para uma possível personalidade anterior, quando alguém morre na região com um ferimento parecido. Poucas declarações seriam então exigidas do sujeito para confirmar a semelhança. Por exemplo, num dos casos, um homem morreu de um tiro na parte inferior do peito e uma criança nasceu depois, na mesma aldeia, com uma marca de nascença exatamente igual a um ferimento de bala — na parte inferior do peito. Conseqüentemente, a família suspeitou que o bebê era o falecido que havia renascido. A criança só precisou fazer algumas declarações sobre a vida pregressa — inclusive que era a personalidade anterior e que havia sido atingida no tórax — para ser aceita como a reencarnação do morto.

Por outro lado, se a criança nasce com uma marca de nascença similar, mas ninguém nas imediações morreu de ferimento parecido, então precisa fornecer mais detalhes para que o caso seja solucionado. Deve, em particular, indicar com precisão o local de residência da personalidade anterior e chamar suficientemente a atenção dos pais para convencê-los a levá-la ao local. Obviamente, quanto mais próximo for o local, mais fácil será a solução do caso.

Os casos de Chanai e Necip, apesar de suas notórias conexões com as personalidades anteriores, não se enquadram bem nesse esquema porque as marcas de nascença não induziram os pais a pensar numa personalidade anterior específica. No caso de Chanai, a avó não o associou à personalidade anterior até ele a levar à casa dos pais do tal homem. No de Necip, a personalidade anterior só foi identificada porque o garoto reconheceu a esposa do avô como alguém que ele tinha conhecido na vida anterior.

O leitor cético concluirá que as conexões, nesses casos, fazem as pessoas acreditar erroneamente que as crianças são mortos renascidos. A idéia é que as famílias devem ter conhecido as personalidades anteriores o bastante para, ou partilhar a informação com os filhos, ou concluir que eles estavam falando de certas pessoas falecidas quando não estavam. Os dois casos seguintes não se prestam a semelhante crítica porque não havia entre as famílias absolutamente nenhuma conexão.

O Caso de Indika Ishwara

Indika Ishwara, gêmeo idêntico, nasceu no Sri Lanka em 1972. O irmão começou a falar de uma vida pregressa em tenra idade, conforme veremos no Capítulo 6. Quando Indika completou três anos, também passou a dizer as mesmas coisas. Declarou que era de Balapitiya, uma cidade a cerca de quarenta quilômetros da sua. Discorreu a respeito dos antigos pais. Não forneceu os seus nomes, mas referia-se a eles como mãe Ambalangoda e pai Ambalangoda. Disse que havia freqüentado uma grande escola em Ambalangoda, vasta cidade perto de Balapitiya, e que para lá viajara de trem. Disse que o chamavam de "Pequeno Mahattaya". *Mahattaya* significa "mestre" ou "patrão" em cingalês e Pequeno Mahattaya é um apelido comum no Sri Lanka. Sustentou ter tido uma irmã mais velha, Malkanthie, com quem costumava passear de bicicleta. Referiu-se a um tio chamado Premasiri ou "Mudalali Bappa". *Mudalali* aplica-se a um homem de negócios próspero e *bappa* tem a acepção de tio afetuoso. O garoto mencionou ainda que a família possuía um bezerro e um cachorro, acrescentando que havia na casa um automóvel e um caminhão.

Não bastasse isso, recordou que ia com a irmã ao templo, onde uma cortina vermelha pendia diante da imagem de Buda. Observou que seu antigo pai usava calças, enquanto o atual vestia sarongue. A casa antiga, onde se fizera um casamento, tinha eletricidade; a atual, não. Segundo a sua descrição, a mãe antiga era mais morena, alta e gorda que a atual. Afirmou ter ido à escola até a quarta série; um de seus colegas se chamava Sepali.

A família de Indika não conhecia ninguém que morara em Ambalangoda. O pai tinha um amigo que havia trabalhado lá e pediu-lhe para localizar a família da personalidade anterior com base nas informações de Indika. O amigo logo descobriu uma família, em Balapitiya, que parecia enquadrar-se nas indicações de Indika. O filho mais velho dessa família, Dharshana, havia morrido aos dez anos de encefalite viral, quatro anos antes do nascimento de Indika.

O amigo conversou com a mãe de Dharshana sobre Indika, já que o marido dela estava fora na ocasião. Quando o marido voltou e se inteirou do que Indika andara dizendo, mostrou-se muitíssimo interessado e logo empreendeu, sem se anunciar, uma viagem à cidade natal do menino. Dirigiu-se à loja do pai de Indika. Enquanto esperava ali que alguém o conduzisse à casa da família, um empregado perguntou-lhe se tinha uma filha chamada Malkanthie e um filho chamado Mahattaya, pois Indika andara divulgando essas coisas. Respondeu que sim; levado em seguida à casa da família, encontrou Indika, que ainda não tinha quatro anos. Os presentes acharam que o menino reconheceu o recém-chegado, pois, embora não o chamasse diretamente pelo nome, disse à mãe: "Papai chegou."

Pouco depois, vários membros da família de Dharshana fizeram duas viagens para conhecer Indika. Parece que o menino reconheceu a maioria deles, mas infelizmente as conexões aconteceram em condições não-controladas, com muita gente à volta. Um associado de muitos anos do Dr. Stevenson no Sri Lanka, Godwin Samararatne, acompanhou mais tarde Indika a Balapitiya e Ambalangoda; o garoto, porém, nada disse capaz de sugerir que reconheceu algo do que vira. Nessa altura, quase toda a família de Dharshana já conhecia Indika, mas mesmo assim o Sr. Samararatne conseguiu elaborar testes controlados para descobrir se Indika reconheceria um tio ou sobrinho com quem ainda não havia se encontrado. Não reconheceu. Durante a segunda visita à família de Dharshana, Indika pôs-se a procurar alguma coisa nas imediações da casa. Encontrou o que procurava: o nome de Dharshana e a data 1965 arranhados, presumivelmente pelo próprio Dharshana, na parede de um bueiro de concreto, quando a massa ainda estava fresca. Ninguém na casa sabia daquilo ou sequer havia reparado na inscrição até Indika revelá-la.

O Sr. Samararatne sabia do caso desde o começo e conduziu entrevistas com os pais de Indika três semanas após o primeiro encontro entre o menino e o pai de Dharshana, e com o pai de Dharshana uma semana depois disso. Todas as declarações de Indika sobre a vida pregressa, aqui registradas, provêm dessas entrevistas iniciais, ocorridas logo após o primeiro encontro das famílias. A lembrança que o pai de Dharshana conservou de ter ouvido os dois nomes na loja do pai de Indika parece especialmente intrigante e, creio eu, temos de concluir que Indika os proferiu antes de as famílias se conhecerem.

Quase tudo o que Indika disse revelou-se verdadeiro relativamente à vida de Dharshana. A família deste vivia mesmo em Balapitiya e ele havia freqüentado a escola em Ambalangoda. Dharshana tinha o apelido de "Pequeno Mahattaya". A sua irmã se chamava Malkanthie e ambos passeavam de bicicleta. Um de seus tios atendia por Premasiri (o nome completo era Sangama Premasiri de Silva); um dos tios paternos era empreiteiro e comerciante de madeira, portanto um *mudalali*. A família de Dharshana tinha um carro e um cachorro. Embora não tivessem um caminhão, um desses veículos costumava ficar estacionado no terreno da casa. A família também não tinha bezerro, mas outras pessoas traziam os seus para pastar a grama do quintal.

O templo freqüentado pela família de Indika ostentava uma cortina branca diante da imagem de Buda; no que a família de Dharshana freqüentava, a cortina era vermelha. O pai de Dharshana usava calças e a sua casa tinha eletricidade. Embora Dharshana possa não ter visto diretamente nenhum casamento na casa da família, vários ocorreram nas proximidades, inclusive um na residência do vizinho poucas semanas antes de Dharshana falecer. Dharshana caíra de um muro durante a cerimônia e os médicos suspeitaram que a pancada na cabeça poderia estar relacionada com o subseqüente episódio de encefalite. A descrição que Indika fez da mãe de Dharshana era precisa. Dharshana freqüentou a escola até a quarta série e ia iniciar a quinta quando ficou doente. Pelo que a família e um dos amigos de Dharshana conseguiam lembrar, ele nunca teve um colega de classe chamado Sepali.

Certamente, vale a pena ponderar sobre como Indika podia saber todos esses detalhes a respeito de um menino comum, falecido em outra localidade, a quase quarenta quilômetros de distância. Além disso, Indika tinha um pólipo nasal que os seus pais notaram quando ele estava com um ano. Embora pólipos nasais sejam comuns em idade mais avançada, raramente aparecem na infância; o gêmeo idêntico de Indika não apresentava esse problema. Por que, então, Indika o apresentava? Se acatarmos a possibilidade de algumas marcas e defeitos de nascença surgirem graças ao processo da reencarnação, vale considerar que como a personalidade anterior, Dharshana, havia recebido oxigênio e soro pelas narinas, uma irritação devida a qualquer dessas intervenções poderia produzir depois o pólipo em Indika. O pólipo nasal, embora não impressione tanto quanto outras deformidades inusitadas que aparecem em *Reincarnation and Biology*, é raro e não tem causa conhecida; portanto, a possibilidade de ele se dever à irritação provocada pelos tubos nasais é consistente com as inúmeras declarações corretas que Indika fez sobre a vida de Dharshana.

O Caso de Purnima Ekanayake

O último caso desse tipo que quero apresentar não é extraído de *Reincarnation and Biology*. Quem o investigou e publicou foi o nosso colega Erlendur Haraldsson. Purnima Ekanayake, uma garota do Sri Lanka, nasceu com uma série de marcas esbranquiçadas no lado esquerdo do peito e na altura das costelas inferiores. Ela começou a falar sobre uma vida pregressa quando tinha de dois e meio para três anos, mas os pais a princípio não lhe deram muita atenção. Com quatro anos, viu na televisão um documentário sobre o famoso templo de Kelaniya, situado a mais de duzentos quilômetros de distância, e afirmou reconhecê-lo. Mais tarde o seu pai, diretor de escola, e a sua mãe, professora, acompanharam um grupo de alunos àquele templo. Purnima estava com eles. Uma vez no local, ela garantiu ter morado na outra margem do rio que atravessa o terreno do templo.

Quando completou seis anos, Purnima já tinha feito cerca de vinte declarações a respeito da vida anterior. Falou de um fabricante de incenso falecido num acidente de trânsito e deu os nomes de duas marcas de incenso, Ambiga e Geta Pichcha. Os pais nunca tinham ouvido falar delas e, quando o Dr. Haraldsson mais tarde percorreu as lojas da cidade, constatou que nenhuma vendia as tais marcas.

Um professor novo veio trabalhar na cidade de Purnima. Passava os fins de semana em Kelaniya, onde a sua esposa residia. O pai de Purnima contou-lhe o que a filha andava dizendo e o professor resolveu fazer investigações em Kelaniya para descobrir se havia alguém que tinha morrido ali que se encaixava nas declarações da menina. O professor contou que o pai de Purnima lhe forneceu a seguinte lista para checar:

- Ela havia morado na margem do rio oposta à do templo de Kelaniya.
- Havia fabricado bastões de incenso Ambiga e Geta Pichcha.
- Saía de bicicleta para vender o produto.
- Morreu num acidente com um veículo grande.

O professor foi procurar um cunhado, que não acreditava em reencarnação, para ver se poderiam descobrir alguma pessoa que se encaixasse naquelas declarações. Dirigiram-se ao templo de Kelaniya e tomaram um bote para atravessar o rio. Ao chegar à outra margem, indagaram sobre fabricantes de incenso e ouviram que três pequenas empresas familiares daquele ramo operavam na área. Uma delas detinha as marcas Ambiga e Geta Pichcha. O cunhado e sócio do dono, Jinadasa Perera, havia sido atropelado e morto por um ônibus quando, de bicicleta, levava bastões de incenso ao mercado, dois anos antes de Purnima nascer.

Os pais da menina foram pouco depois visitar o dono da fábrica. Ali, Purnima fez vários comentários sobre membros da família e seus negócios. Estavam todos corretos e os anfitriões aceitaram-na como sendo Jinadasa renascido. O Dr. Haraldsson resolveu investigar o caso quando Purnima tinha nove anos de idade. Gravou as vinte declarações que, conforme os pais, a menina havia feito antes do encontro das duas famílias. Afora as já mencionadas, ela havia citado os nomes da mãe e da esposa de Jinadasa, além do da escola que o falecido havia freqüentado. O Dr. Haraldsson verificou que catorze das vinte declarações sobre a vida de Jinadasa estavam corretas, três erradas e três não podiam ser confirmadas. Obteve também uma cópia do relatório da autópsia de Jinadasa, que registrava costelas fraturadas do lado esquerdo, fígado rompido e abrasões que corriam diagonalmente do ombro direito, pelo peito, até a parte inferior esquerda do abdome. Isso correspondia às marcas de nascença que Purnima exibia no tórax e nas costelas.

Um caso desses desafia quaisquer tentativas de chegar a uma explicação pronta e normal. As duas famílias, vivendo a mais de duzentos quilômetros de distância, eram por tudo o que se sabe completamente estranhas uma à outra — e Purnima não poderia ter ouvido falar da morte de Jinadasa antes do encontro. Aqui, a coincidência parece bastante improvável, dada a especificidade das declarações de Purnima, inclusive os nomes das marcas de incenso. Talvez os numerosos informantes tivessem todos falhas de memória; mas esse caso é reforçado pela presença do intermediário, o professor, sem laços com nenhuma das famílias, que havia investigado a personalidade anterior antes do encontro delas. Além do mais as marcas de nascença, grandes e proeminentes, lembram muito os ferimentos da personalidade anterior.

Um Modo de Entender as Marcas de Nascença

Podemos muito bem estranhar, ainda que acreditemos em reencarnação, como o ferimento de um corpo reaparece em outro. Talvez entendamos por que isso é possível se examinarmos as pesquisas sobre a inter-relação dos problemas psicológicos e físicos. Para começar, alguns estudos mostraram que fatores mentais costumam produzir mudanças generalizadas no corpo. Por exemplo, o stress contribui para a doença porque promove alterações hormonais e nervosas que fazem o sistema imunológico reagir menos às infecções. De igual modo, provou-se que a desesperança aumenta o risco de ataque cardíaco ou câncer. O que é menos aceito e absolutamente não-compreendido é a idéia de que imagens mentais individuais possam acionar mudanças bastante específicas no corpo — e é isso mesmo que precisamos considerar a fim de atribuir algum sentido aos casos de marcas de nascença.

O Dr. Stevenson oferece sérias evidências no início de *Reincarnation and Biology*. Começa pelos estigmas. Trata-se de feridas epidérmicas que pessoas em geral muito devotas desenvolvem e lembram as chagas da crucificação de Cristo conforme descritas na Bíblia. São Francisco de Assis talvez tenha sido o primeiro estigmatizado e, desde a sua época, mais de 350 casos foram reunidos. A princípio, esses casos eram considerados milagres, mas a verdade é que apareciam em pessoas que não podiam ser descritas como santas. Ocorriam freqüentemente quando o devoto se entregava a práticas religiosas muito intensas e acabaram por ser classificados como casos de origem psicossomática. Embora alguns casos de fraude tenham sido expostos — pessoas que intencionalmente "fabricavam" as feridas, usando produtos químicos corrosivos ou até tinta —, documentaram-se outros dos quais podemos com razão eliminar a possibilidade de chagas artificialmente induzidas. Assim, a imagem mental das chagas de Cristo, na cabeça de uma pessoa particularmente suscetível, pode promover na pele alterações específicas que reproduzem a imagem.

Outro exemplo de mudanças no corpo geradas pela mente são as produzidas em indivíduos sob hipnose. Como observa o Dr. Stevenson, mostrou-se que a sugestão hipnótica é capaz de gerar, por exemplo, não apenas a sensação de sede, mas também distúrbios renais típicos da desidratação, descompasso no ritmo cardíaco, controle de hemorragias, desarranjos do ciclo menstrual e até hipertrofia dos seios.

Afora isso, sabe-se de inúmeros casos nos quais os hipnotizadores suscitam bolhas nos sujeitos dizendo-lhes que estão sendo queimados e depois tocando-os com um objeto frio, como a ponta de um dedo. Em alguns casos, os hipnotizadores usam um objeto com a forma de uma letra ou outro símbolo reconhecível e as feridas subseqüentemente produzidas apresentam essa forma. Um dos casos envolve tanto os estigmas quanto a hipnose: um sujeito hipnotizado foi induzido a provocar feridas sangrentas nos pés e nas palmas das mãos, além de incisões triangulares na fronte que pareciam feitas por uma coroa de espinhos.

Em outro tipo de caso, sujeitos "reviveram" experiências traumáticas com a ajuda da hipnose ou de drogas e depois desenvolveram manifestações cutâneas semelhantes às que haviam tido durante as experiências originais. Em um caso famoso, um homem reviveu uma situação na qual teve as mãos atadas às costas com uma corda. Apareceram-lhe ranhuras profundas nos antebraços que lembravam marcas de cordas. A ciência ortodoxa sempre teve dificuldade em determinar o mecanismo capaz de explicar esses fenômenos e por isso preferiu ignorá-los.

É aceitável para quase todos nós que a hipnose consiga, graças ao uso de imagens mentais, produzir pelo menos algumas alterações fisiológicas em certas pessoas. Por exemplo, quando alguém revive um acontecimento assustador sob hipnose, quase sempre o seu ritmo cardíaco se acelera. De fato, muita gente pode ter o ritmo cardíaco acelerado pela mera lembrança do acontecimento, mesmo não estando sob hipnose. Nesse caso é lícito, sem grandes problemas, pensar num mecanismo semelhante à resposta "lute ou corra" que a pessoa desenvolve frente a uma situação real de pavor ou perigo. Mas não podemos pensar num mecanismo que explique por que uma pessoa desenvolve bolhas ao supor que está sendo queimada ou marcas de corda ao evocar um incidente no qual se viu amarrada. Vemos, entretanto, que tais casos só variam em grau daqueles nos quais alterações fisiológicas facilmente explicáveis são produzidas por estímulos mentais semelhantes.

A questão, aqui, é: a mente consegue promover no corpo mudanças que, no estado atual de nossos conhecimentos, são impossíveis de explicar? Quando digo "mente", não me refiro necessariamente ao "cérebro". Refiro-me, antes, ao mundo dos pensamentos ou consciência que existe no cérebro (discutirei isso mais detalhadamente ao tratar do materialismo, no Capítulo 4). Se a consciência ou mente pode subsistir após a morte do cérebro — se uma parte de nós sobrevive ao desaparecimento do corpo e penetra num feto para renascer —, então se segue que é capaz de causar mudanças no desenvolvimento desse feto, tal qual é capaz de causá-las ao longo da vida. Assumindo que o período de crescimento no útero é um período particularmente vulnerável para o corpo, vemos com facilidade que, se a mente ocupar um feto enquanto estiver carregando lembranças traumáticas, as quais, segundo estudos anteriores, podem produzir lesões específicas na pele de certas pessoas, essas lembranças com muito mais razão produziriam marcas ou mesmo defeitos de nascença semelhantes aos ferimentos que a mente experimentou em outra vida. Se a mente sobrevive a uma vida e passa para outra, os casos de marcas de nascença envolveriam logicamente o mesmo processo responsável pelos episódios de hipnose acima documentados.

Os nossos casos de marcas de nascença parecem freqüentemente enquadrar-se nesse modelo. Patrick, por exemplo, exibia sinais e defeitos que lembravam muito as lesões sofridas por seu meio-irmão Kevin. Aceitando, por um momento, que Patrick seja a reencarnação de Kevin, o fato de ele apresentar as tais lesões talvez pareça injusto, porquanto teve de padecer os traumas originais na pessoa de Kevin; contudo, o processo natural da mente afetando o corpo poderia produzir aqueles defeitos, ainda que não desejássemos que fosse esse o caso. As marcas de nascença de Patrick são diferentes da maior parte das outras porque não refletem as lesões fatais do seu meio-irmão Kevin, o qual sabemos não ter tido morte violenta, mas antes cicatrizes ou deficiências que sem dúvida seriam perturbadoras para Kevin — o corte no couro cabeludo onde foi feita a biópsia do tumor, a incisão no pescoço para a inserção do tubo, a opacidade no olho esquerdo, que o impedia de enxergar e, por fim, a dificuldade de mover-se muito parecida com a de Patrick. Tudo isso foi decerto bem difícil para o pequeno Kevin; e lembranças tão traumáticas podem ter produzido cicatrizes no feto em desenvolvimento de Patrick, ainda que não proviessem de ferimentos fatais.

A mesma lógica se aplicaria ao pólipo de Indika, provocado pela introdução dos tubos nasais a que a sua personalidade anterior precisou submeter-se no fim da vida. No caso de Chanai, ser alvejado e morto seria, sem dúvida, uma experiência arrasadora para uma mente sobrevivente; e no de Purnima, as marcas de nascença corresponderiam às lesões física e emocionalmente traumáticas que a sua personalidade sofreu ao ser atropelada por um ônibus.

O caso de Necip já é um pouco mais complicado. Se, por hipótese, aceitarmos que ele possa ter sido a reencarnação de Necip Budak, então cabe a nós perguntar por que ele apresentava marcas de nascença semelhantes a alguns ferimentos do morto, mas não a todos. O Dr. Stevenson aventou que, numa agressão, as primeiras feridas têm mais probabilidade de passar à próxima existência porque a vítima está mais consciente quando as recebe. Nesse caso, as marcas mais proeminentes de Necip apareceram em sua cabeça, havendo também outras no peito e no abdome. Necip Budak foi ferido na cabeça, mas as lesões no peito e abdome é que o mataram. O Dr. Stevenson explica que, se Necip Budak recebesse os ferimentos na cabeça antes dos golpes fatais no peito e abdome, eles ficariam em sua mente por mais tempo, antes de perder a consciência.

A dificuldade surge, como gosta de salientar o Dr. Stevenson, porque as pessoas que fazem autópsias não trabalham para nós e quase nunca tentam determinar a ordem dos ferimentos. Nesse caso, Necip Budak teria ficado tonto após ser ferido na cabeça e as outras lesões causaram menos impacto em sua mente (mais tarde, em seu novo corpo). Não há como saber. Uma possibilidade é que os cortes em seu braço esquerdo ocorreram quando ele tentava defender-se, de modo que não estaria de todo inconsciente. Entretanto, como vimos, o menino Necip não apresentava marcas de nascença no braço.

Outra possibilidade a considerar é que os ferimentos emocionalmente mais traumatizantes sejam os que com mais facilidade passam para a próxima vida. Trata-se daqueles que a vítima recebe quando, no início do ataque, está plenamente consciente, mas talvez nem sempre isso aconteça. Necip Budak, pelo que se presume, estava tão consciente quando recebeu os cortes no braço quanto no momento em que foi ferido no corpo; mas o menino Necip não apresentava marcas de nascença no braço. Cabe conjeturar que, depois de Necip Budak ser ferido na cabeça, estando plenamente consciente, os cortes no corpo foram mais traumáticos emocionalmente para ele do que os cortes no braço que ameaçavam menos a vida. Por isso, as marcas mais proeminentes apareceram na cabeça de Necip, embora outras menos visíveis também se mostrassem no corpo.

Há ainda outra possibilidade, obviamente: a de que os ferimentos no corpo produziram marcas de nascença porque eram lesões mais graves do que os cortes no braço. O Dr. Stevenson observou, porém, que lesões fatais nem sempre produzem as marcas de nascença mais significativas, de sorte que um outro fator que não a mera gravidade do ferimento deve estar envolvido: talvez algo relacionado à consciência, como por exemplo o grau de lucidez no momento da lesão ou o impacto emocional sobre a consciência da vítima.

Questões Relativas aos Casos de Marcas de Nascença

Quando examinamos os casos, uma pergunta se impõe: se o trauma no final da vida pode produzir marcas e defeitos de nascença na próxima encarnação, por que há maior número de bebês que nascem sem esses problemas? Uma das explicações prende-se a uma idéia já discutida aqui. Ao falar da hipnose, eu disse que ela é capaz de promover mudanças em certas pessoas. Algumas respondem à hipnose muito mais prontamente que outras. Na verdade, há aquelas que não se deixam de modo nenhum hipnotizar. No caso do renascimento, é de esperar também que algumas pessoas sejam mais suscetíveis a ter marcas no novo corpo produzidas por traumas passados. A hipnose não logra produzir marcas de pele na maioria das pessoas, mas alguns sujeitos se revelam bastante suscetíveis a isso. De igual modo, na maior parte dos casos, lesões na hora da morte não afetarão o feto da vida seguinte; mas vez por outra isso acontecerá.

Não sabemos bem quais fatores determinariam a suscetibilidade de uma pessoa à transferência de traumas; um desses fatores, porém, talvez seja a crença cultural. Se a crença vigente numa cultura ampara a possibilidade de um trauma sofrido numa vida passada afetar o feto em desenvolvimento, então os membros dessa cultura podem mostrar-se mais suscetíveis a apresentar lesões do que os de outra. Na hipnose, as expectativas do sujeito quanto ao que possa acontecer durante o estado de transe provavelmente afetam os resultados. Do mesmo modo, as crenças relativas à vida e à morte talvez promovam ocorrências subseqüentes como as marcas de nascença. Isso explicaria, ao menos em parte, por que se registram mais marcas de nascença em certos lugares que em outros. A despeito do caso de Patrick, temos poucos desse tipo nos Estados Unidos. A não-aceitação do fenômeno, aqui, pode fazer com que os americanos estejam menos sujeitos a desenvolver marcas de nascença oriundas de traumas antigos do que os habitantes de outros países.

Isso posto, devo ressaltar que os casos de marcas de nascença não correspondem necessariamente às crenças religiosas cultivadas em muitas das comunidades onde foram registrados. O conceito de *karma*, tão importante para o hindu e o budista, afirma que as condições em que a pessoa nasce são determinadas por sua conduta em vidas pregressas. Com base nisso, poderíamos supor que, após um assassinato, o culpado e não a vítima ostentaria marcas ou defeitos de nascença na vida seguinte em resultado da dívida kármica; mas não acontece assim, pelo que vemos. Temos apenas três casos em que as crianças pensavam ostentar marcas ou defeitos de nascença em castigo de atos cometidos numa vida anterior, dos quais diziam lembrar-se. Um dos sujeitos, um garoto do Sri Lanka chamado Wijeratne, recordava a vida do seu tio, enforcado dezoito anos antes do seu nascimento por ter esfaqueado a esposa que queria se separar dele. Wijeratne veio ao mundo com a mão e o braço direitos deformados, mais curtos que o normal, e sem um músculo peitoral do lado direito do tórax. O menino dizia que tinha a mão mirrada porque matara a esposa com ela, na vida anterior.

Em todos os outros casos, as crianças afirmaram ter tido, na vida pregressa, ferimentos que levaram para os novos corpos; aqui, portanto, o padrão parece mais consistente com a idéia de imagens mentais ou lembranças que provocam alterações físicas. Não obstante, os membros dessas culturas geralmente se mostram mais propensos a ter o corpo ou a saúde afetados por causas espirituais, de modo que essa propensão pode torná-los mais suscetíveis a apresentar marcas de nascença oriundas da vida anterior, mesmo quando as marcas não se conformam às suas noções do karma.

Para além das diferenças culturais, precisamos considerar também as diferenças individuais. Ainda que a vida passada seja aceita como causa de marcas e defeitos de nascença mais facilmente em certos países que em outros, as expectativas podem variar muito de pessoa para pessoa. Membros de culturas nas quais se registra maior número de casos exibem variados graus de crença na reencarnação, tal como nos Estados Unidos os dogmas religiosos variam entre as pessoas, e o grau de crença ou expectativa na mente individual pode afetar a probabilidade de marcas de nascença subseqüentes. Da mesma forma, os dogmas culturais em geral nos Estados Unidos não acolhem a crença na reencarnação, o que não impede certas pessoas de esperarem renascer. Exemplo disso é William, o menino já apresentado no Capítulo 1: ele nasceu com um problema cardíaco que lembrava os ferimentos fatais recebidos pelo avô durante um tiroteio. O avô era católico romano praticante, mas acreditava na reencarnação. Essa crença talvez o tenha tornado mais suscetível a apresentar um defeito de nascença correspondente aos ferimentos fatais de sua vida anterior.

Outra pergunta que se impõe é: por que há tantos casos relacionados à pele? Alguns envolvem deformidades como ausência de dedos ou membros, mas só uns poucos dizem respeito a doenças internas. Cabe-nos apenas especular sobre as causas disso, que também podem apontar para um fenômeno da consciência. Ficamos muito mais conscientes das lesões na pele do que nos órgãos internos; portanto, é mais provável que levemos sua lembrança para uma próxima vida. Do mesmo modo, se um homem tem os dedos amputados no momento em que é morto, toma decerto consciência desse fato, mas não perceberá, por exemplo, que o seu fígado foi dilacerado por uma bala. Deformidades podem surgir em conseqüência da percepção de lesões por parte da personalidade anterior e os órgãos internos talvez sejam poupados porque a vítima não toma consciência dos danos a eles infligidos.

O caso de William é uma exceção a isso. Se o seu problema cardíaco for a manifestação das lesões sofridas pelo avô, ocorre-nos perguntar por que ele não apresenta ao menos uma marca de nascença no peito para emparelhar com o defeito do coração. Não tenho uma resposta definitiva para essa pergunta, mas pergunto-me se o avô pensou que aquela dor no peito significava ter sido atingido no coração. Em tal caso, ele se concentraria mais no coração do que na pele. Para complicar as coisas, mesmo não tendo William uma marca de nascença no peito para coincidir com a deficiência cardíaca, tem outra no pescoço, que talvez se relacione à morte do avô. Carol Bowman encaminhou-me a William e sua mãe. Quando os encontrei pela primeira vez, a mãe não disse que ele tinha alguma marca de nascença. Em nossa correspondência subseqüente, contou que na verdade o menino apresentava um sinal no pescoço, abaixo da orelha esquerda, e mandou-me uma fotografia desse sinal. A marca se localiza exatamente na área que, no pescoço do avô, apresentava uma esfoladura, segundo o relatório da autópsia. A esfoladura deve ter sido grave, pois foi incluída no parágrafo único da autópsia que descrevia o exame externo do corpo. A mãe de William, na verdade, pensava que o pai tinha sido atingido ali, mas como a autópsia não falou em nenhum orifício de entrada ou saída naquela área, o ferimento se deveu sem dúvida a um projétil que passou de raspão por seu pescoço. Portanto, juntamente com um problema cardíaco que lembra o trauma sofrido pelo avô, William exibe uma marca de nascença correspondente a uma esfoladura, mas nenhuma que coincida com os diversos orifícios de entrada e saída provocados pelas balas no corpo da vítima. Para especular um pouco mais a respeito, talvez o avô de William percebesse o ferimento no pescoço antes de concentrar-se no trauma cardíaco fatal, não se dando conta do impacto dos outros projéteis.

O caso de William ressalta também um fator prático que possivelmente explica a baixa incidência de defeitos nos órgãos internos. Uma criança nascida numa aldeia asiática com o mesmo problema cardíaco de William seguramente morreria poucos dias depois de vir ao mundo, se não antes. Não teria a oportunidade de discorrer sobre uma existência anterior e nós jamais ouviríamos falar do caso. Talvez ocorram casos de defeitos nos órgãos internos, mas eles não ficam conhecidos como casos de renascimento porque as crianças morrem em tenra idade.

Marcas de Nascença Experimentais

Conforme já descrevi, marcas de nascença experimentais são praticadas em vários países asiáticos. Alguém, geralmente membro ou amigo íntimo da família, faz uma marca no corpo de uma pessoa moribunda ou falecida, com por exemplo barro ou fuligem, acreditando que quando ela renascer ostentará um sinal correspondente ao que foi traçado. O responsável quase sempre faz uma oração enquanto desenha a marca, pedindo que o moribundo a leve consigo para o novo corpo. Mais tarde nasce uma criança com um sinal que, segundo se diz, lembra o que foi desenhado no corpo da pessoa falecida.

O Dr. Stevenson foi o primeiro que, no Ocidente, documentou amplamente essa prática, mas outros autores já a mencionaram. Por exemplo, o Dalai Lama escreveu em sua autobiografia sobre um caso ocorrido em sua própria família. O irmão mais novo dele faleceu aos dois anos de idade. No cadáver, foi feita uma pequena marca com manteiga e a mãe, mais tarde, deu à luz outro filho que ostentava um sinal esmaecido no mesmo lugar do corpo onde o outro havia sido marcado.

Esse é um caso típico entre os que investigamos. O Dr. Stevenson descreve vinte deles em *Reincarnation and Biology*, e Jürgen Keil e eu nos deparamos com dezoito no curso de viagens à Tailândia e Myanmar. Nesses casos, a marca é geralmente feita na expectativa de que o morto renascerá, exibindo-a, na mesma família. Quinze de nossos dezoito casos eram desse tipo. O fato parece diminuir as chances de que a marcação e a marca se equivalham por mera coincidência, se o compararmos à situação em que qualquer bebê nascido nas redondezas poderia ser considerado a revivescência do morto.

Além disso, em seis dos dezoito casos, as crianças fizeram também declarações relacionadas à vida pregressa, e algumas das outras eram tão pequenas quando as vimos que, mais tarde, poderiam dizer a mesma coisa. Certos casos mostram comportamentos e declarações que sugerem uma conexão entre o sujeito e a personalidade anterior, ao passo que em outros a marca de nascença é o único vínculo.

Um caso que o Dr. Keil e eu investigamos constitui um bom exemplo. Kloy Matwiset é um garoto que nasceu na Tailândia em 1990. Onze meses antes de ele nascer, a sua avó materna morreu de diabetes. Antes de falecer, ela confidenciou à nora que gostaria de renascer homem para ter uma amante, como o marido dela tinha. No dia seguinte ao seu falecimento, a nora fez-lhe na nuca uma marca com argila branca, para reconhecê-la quando renascesse.

A mãe de Kloy teve um sonho profético quando estava grávida de três meses, no qual a falecida dizia querer renascer dela. A mãe tinha visto a marca traçada no corpo da avó. Logo que Kloy nasceu, ela notou que o bebê exibia um sinal de nascença na nuca, no mesmo lugar onde havia sido traçada a marca. Nós vimos o menino e notamos uma nítida descoloração vertical na parte inferior da sua nuca, que parecia ter sido traçada com um dedo. A nora da falecida declarou que essa marca de nascença nada comum estava no mesmo lugar da que ela havia traçado no cadáver.

Muito novo ainda, Kloy fez várias declarações a respeito de sua vida passada. Disse, por exemplo, que era a sua avó e assegurou à mãe que era a mãe dela. Disse também que a plantação de arroz da avó lhe pertencia. Não bastasse isso, exibia uma série de comportamentos femininos. Afirmava querer ser menina e, quando pequeno, sentava-se para urinar. Também gostava de vestir roupas femininas, sempre usando o batom, os brincos e as saias da mãe. Na escola, preferia brincar e estudar com as meninas, não com os meninos, e nunca aderia às brincadeiras típicas dos garotos da região, como subir em árvores. Os pais se queixavam de suas atitudes femininas e asseguraram nunca lhe ter contado que ele era a avó renascida.

As atitudes femininas de Kloy sugerem que ele sofria do chamado distúrbio de identidade sexual, um comportamento ao qual voltarei no Capítulo 6. Por ora, vou me concentrar na marca de nascença e no modo pelo qual ela pode ter aparecido. Uma das possibilidades é, obviamente, a coincidência. Mas isso não explica os outros aspectos do caso. Além do mais, dizer que esse sinal raro ocorreu por acaso, quando sabemos que a nora da personalidade anterior o traçou exatamente naquela forma, é estender a explicação da coincidência para além dos limites do razoável.

Outra possibilidade que vale a pena considerar é que, embora a criança não seja a reencarnação da personalidade anterior, a vontade ou a expectativa da mãe produziu de algum modo a marca. Uma vez que a maioria dos casos de marcas de nascença experimentais ocorre na mesma família, a mãe do sujeito freqüentemente assiste à marcação do corpo ou pelo menos tem notícia dela. O problema se resume então em indagar se a vontade ou a expectativa da mãe, de ver a falecida renascer como seu filho, poderia induzi-la a dar à luz uma criança com a marca de nascença prevista. Ao considerar essa possibilidade, devemos invocar novamente os casos de hipnose. Se uma imagem mental às vezes produz sinais na pele de certas pessoas, poderia uma imagem na mente de uma mãe traçar marcas na pele do feto em desenvolvimento? Isso seria similar aos casos de impressão materna, um conceito muito popular ao final do século XIX e usado para descrever episódios nos quais uma mulher grávida, perturbada pela visão de uma pessoa fisicamente disforme, dava à luz uma criança com o mesmo problema. Por fim se decidiu que o tal conceito era absurdo porque ninguém conseguia imaginar um mecanismo capaz de explicá-lo, embora saibamos hoje que a barreira placentária é bem mais porosa do que se supunha. O Dr. Stevenson cita, em *Reincarnation and Biology*, inúmeros casos publicados de impressão materna que exibem algumas coincidências notáveis, sendo o mais intrigante deles o de uma mulher grávida que, após ficar terrivelmente perturbada depois de ver as feridas do pênis canceroso amputado do irmão, deu à luz um menino com ausência congênita do pênis, condição felizmente tão rara que quase não se ouve falar dela.

Seja como for, os casos de marcas de nascença experimentais diferem dos de hipnose e impressão materna pelo menos num ponto importante. A hipnose é, sem dúvida, um estado mental anormal e, do mesmo modo, muitas mulheres grávidas se sentem transtornadas mentalmente pelas deformidades que vêem. Nos casos de marcas de nascença experimentais, a mãe, embora presumivelmente abalada pela morte de um membro da família, muitas vezes assiste à marcação, mas não se impressiona com isso. Além do mais, a mãe quase sempre assiste à marcação algum tempo antes de engravidar; e, embora saibamos que a gravidez é época particularmente propícia para uma consciência traumatizada afetar o desenvolvimento do feto, a idéia de que a imagem de uma cena vista por ela meses ou anos antes de engravidar possa produzir marcas no corpo do seu bebê parece menos lógica. Talvez devamos considerar que a sua expectativa ou vontade de que o filho seja o renascimento da personalidade anterior é forte o bastante para levá-la a dar à luz um bebê com marcas que lembram as feitas no corpo da pessoa falecida. Essa explicação das marcas de nascença não dá conta, é óbvio, das declarações e comportamentos da criança em certos casos.

Quanto à possibilidade da reencarnação, temos o problema da época em que os corpos são marcados. As marcas às vezes são feitas quando o corpo está morrendo, outras quando já morreu. Sucede também que isso se faça dois dias após o falecimento ou no início do serviço de cremação. Sendo assim, mais coisas devem estar envolvidas no surgimento de marcas de nascença do que simplesmente a marcação física do corpo, dado que a cremação logo a seguir pressupõe resultados tão vívidos quanto a marcação — mas o bebê não apresenta nenhum dos seus efeitos.

Pelo menos duas possibilidades merecem ser consideradas. Uma é que a consciência sobrevivente talvez fique perto do corpo por algum tempo após a morte, o que justificaria as descrições feitas às vezes por crianças dos funerais da personalidade anterior, conforme discutiremos no Capítulo 8. Uma marca feita no corpo pode gerar impacto emocional capaz de provocar a marca de nascença subseqüente, assim como ferimentos em outros casos costumam assemelhar-se mais tarde às marcas de nascença dos sujeitos. Outra possibilidade é as preces que o responsável pela marcação profere serem mais potentes que a marcação em si. Quando essa pessoa pede ao morto que leve a marca para a outra vida, a sua consciência pode conectar-se com a do morto e produzir a marca de nascença subseqüente. Vale especular que o momento próximo da morte é o mais propício para isso, de sorte que a prece atuaria quase como uma sugestão pós-hipnótica, fazendo a marca aparecer na futura criança.

De qualquer modo, esses casos de marcas de nascença experimentais são mesmo instigantes, podendo nos fornecer pistas sobre o fenômeno em geral. Eles mostram que em alguns casos as marcas são feitas tanto antes quanto depois da morte. Se se trata de reencarnação, pareceria que a consciência pode ser afetada por eventos que ocorrem pelo menos durante certo período depois da morte. Tais casos sugerem ainda, ao menos para mim, que as marcas de nascença se devem a algo mais que uma simples ferida no corpo. Isso, de certo modo, é lógico porque teríamos dificuldade em imaginar como a consciência poderia ser capaz de conservar um ferimento físico sem o corpo atual. Se supusermos que o ferimento físico produz uma imagem na mente, a idéia de que tal imagem possa afetar o desenvolvimento de um embrião quando a consciência penetra nele é consistente com os efeitos das imagens mentais em outras situações específicas.

Exame das Explicações

Na busca de uma explicação para os casos de marcas de nascença em geral, notamos que em muitas circunstâncias a família do sujeito sabe da morte da personalidade anterior antes do nascimento da criança, por se tratar de um parente, amigo ou pelo menos conhecido. Numa situação assim, não nos cabe presumir que o conhecimento dos pais sobre a morte provoca a marca ou defeito de nascença, se nos restringirmos a explicações normais, mas podemos sugerir que o defeito ou marca induz os pais a concluir que o filho é a pessoa morta renascida. Podemos então tentar explicar as declarações da criança a respeito da vida passada expondo ou um conhecimento adquirido por meios normais ou uma deficiência de memória dos informantes, conforme se segue. Após decidir que o filho é um caso de renascimento, os pais podem implantar essa idéia na cabeça da criança pequena, que passa a acreditar na história. Em seguida, a criança começa a dizer que é a personalidade anterior e até a apanhar no ar detalhes sobre a vida daquela pessoa, que afirma serem lembranças da vida passada. Não bastasse isso, em seu entusiasmo, os pais às vezes interpretam mal as declarações do filho, vendo nelas mais informações sobre a vida pregressa do que de fato contêm. Em qualquer dos casos, as crenças iniciais dos pais acabam sendo confirmadas pelas palavras do filho e todos os envolvidos passam a acreditar que ele é mesmo a reencarnação da personalidade anterior.

Tudo isso vai contra o freqüente testemunho das famílias, segundo as quais a criança possui um conhecimento da vida passada que ela não poderia possuir sendo tão nova, ainda que a família tenha conhecido a personalidade anterior. Independentemente dessa questão, resta-nos ainda explicar a marca ou defeito de nascença — e convém lembrar que alguns defeitos e marcas de nascença são bastante inusitados. No caso de Patrick Christenson, havia três desse tipo, além da dificuldade para se mover que ele exibiu ao começar a andar. Semelhante combinação seria por si intrigante; mas a circunstância de todas as deficiências físicas do menino evocarem as do seu falecido meio-irmão torna o caso absolutamente extraordinário. De igual modo, Chanai Choomalaiwong apresentava uma marca de nascença pequena e arredondada na nuca, parecida ao orifício de entrada de uma bala, e um sinal maior e irregular na fronte, que lembrava um orifício de saída. São elementos estranhos por sua própria natureza, mas quando os consideramos em conjunção com as declarações do garoto sobre a vida de um professor alvejado pelas costas, tornam-se surpreendentes. Em situações desse tipo, a única explicação normal para as marcas de nascença é a coincidência; porém, dada a improbabilidade de a semelhança ocorrer por mero acaso, tal explicação é sem dúvida insatisfatória.

E note-se que esses são os casos fáceis de explicar. Quando examinamos aqueles em que a família do sujeito nunca ouviu falar da personalidade anterior, uma explicação normal torna-se ainda mais difícil. Indika Ishwara e Purnima Ekanayake não apenas exibiam marcas de nascença como fizeram inúmeras declarações a respeito de estranhos mortos a grande distância. As declarações revelaram-se precisas com relação a uma pessoa que tinha uma lesão semelhante à marca da criança.

Podemos recorrer de novo à coincidência como forma de explicar as marcas de nascença, mas então precisaremos explicar também as declarações. A coincidência só pode ir até esse ponto e, num caso como o de Purnima, que fez vinte declarações sobre a personalidade anterior, incluindo detalhes a respeito de um fabricante de incenso morto em acidente com sua bicicleta, e chegou a nomear corretamente marcas de incenso não-disponíveis no local, a coincidência é uma explicação pouco realista. Num caso desses, podemos recorrer à coincidência para justificar a marca de nascença e excogitar outra explicação para a exatidão das declarações.

O conhecimento adquirido por vias normais pode ser uma explicação quando a personalidade anterior viveu na mesma comunidade da criança; parece, entretanto, muitíssimo inadequado para dar conta de declarações num caso como o de Purnima, em que a personalidade anterior morava a mais de duzentos quilômetros da casa do sujeito. Outra maneira de explicar as declarações é atribuir falha de memória aos informantes. Desse modo, Purnima e outras crianças como ela na verdade não disseram o que lhes atribuíram. Sequer admitimos que a exatidão das declarações é uma incrível coincidência porque, para começar, não damos crédito às crianças.

Assim, nos casos de marcas de nascença e personalidades anteriores que moravam a grande distância, cabe-nos dizer que as marcas ocorrem por uma estranha coincidência e que as declarações foram evocadas incorretamente. Nenhuma outra explicação de fato faz sentido. Voltaremos a essa questão da falha de memória dos informantes após examinar os outros tipos de casos.

No tocante às explicações paranormais, a PES não pode esclarecer facilmente os casos de marcas de nascença porque eles envolvem, é claro, bem mais que a simples transferência paranormal de informação. Também a possessão não explica as marcas, porquanto pensamos nela como algo que só ocorre após o nascimento. A reencarnação, por outro lado, é capaz de explicá-las, conforme já discutimos, recorrendo-se à idéia segundo a qual a consciência fica tão abalada pelo trauma oriundo dos ferimentos no corpo da personalidade anterior que acaba afetando o desenvolvimento do embrião e produzindo um sinal parecido. Considerando-se que crianças relatam também reminiscências da vida passada de uma pessoa que tinha lesões semelhantes, a reencarnação é certamente a explicação paranormal mais óbvia e talvez a única viável para esse tipo de caso.

Resumindo o nosso exame dos casos de marcas de nascença, digamos que, embora a maioria deles ocorra entre membros da família ou amigos, alguns envolvem pessoas absolutamente estranhas. Se forem mesmo casos de reencarnação, o mecanismo provável implica imagens mentais impressas na consciência sobrevivente pelo trauma, sabendo-se que os episódios de marcas de nascença experimentais sugerem que essa impressão pode ocorrer até mesmo durante algum tempo após a morte da personalidade anterior.

CAPÍTULO 5

Recordando o Passado

Sujith Jayaratne, menino de um subúrbio da capital do Sri Lanka, Colombo, começou a mostrar um medo intenso de caminhões e até da palavra inglesa *lorry* ("caminhão"), integrada ao linguajar local. Tinha apenas oito meses de idade. Quando cresceu o bastante para falar, disse que tinha vivido em Gorakana, aldeia situada à dez quilômetros de distância, e que tinha morrido depois de ser atropelado por um caminhão.

Deu inúmeras informações sobre essa vida. O seu tio-avô, monge de um templo vizinho, ouviu algumas delas e falou de Sujith a um colega mais jovem. A história intrigou o colega, que foi conversar com Sujith, então com pouco mais de dois anos e meio de idade. Perguntou-lhe sobre as suas lembranças e anotou-as antes de tentar verificar qualquer das declarações. Segundo as anotações do jovem monge, Sujith disse que era de Gorakana, do bairro de Gorakawatte, que o seu pai se chamava Jamis e tinha problemas no olho direito, que freqüentara a *kabal iskole* ("escola arruinada"), onde havia um professor chamado Francis, e que tinha dado dinheiro a uma mulher, chamada Kusuma, a qual preparava para ele uma comida típica. Afirmou também ter dado dinheiro ao Kale Pansala, ou Templo da Floresta, onde havia dois monges, um deles chamado Amitha. Esclareceu que a sua casa era caiada, o banheiro ficava ao lado de uma cerca e ele se lavava em água fria.

Sujith dissera antes à mãe e à avó muitas outras coisas sobre a vida passada que ninguém escrevera antes da identificação da personalidade anterior. Declarou que o seu nome era Sammy e que às vezes se identificava como "Gorakana Sammy". Kusuma, a mulher que havia mencionado ao monge, era filha de sua irmã caçula e tinha vivido em Gorakana; tinha cabelos densos e compridos. O nome de sua esposa era Maggie e a filha do casal se chamava Nandanie. Ele tinha trabalhado na estrada de ferro e certa feita havia escalado o pico Adam, uma alta montanha no centro do Sri Lanka. Costumava transportar araca, uma bebida ilegal, num barco que certa vez emborcara, fazendo-o perder toda a carga. Contou que, no dia de sua morte, ele e Maggie haviam brigado. Ela tinha saído de casa e ele foi para o armazém. Quando cruzava a estrada, um caminhão o atropelou, matando-o.

O jovem monge foi até Gorakana à procura de uma família que tivesse um membro falecido cuja vida se enquadrasse nas declarações de Sujith. Depois de alguns esforços, descobriu que um homem de cinqüenta anos chamado Sammy Fernando ou "Gorakana Sammy", como era às vezes chamado, morrera atropelado por um caminhão seis meses antes de Sujith nascer. Todas as declarações de Sujith revelaram-se corretas com respeito a Sammy Fernando, exceto a informação de que ele havia morrido imediatamente após o acidente: na verdade, a morte só ocorreu duas horas depois de sua entrada no hospital.

Depois que Sammy Fernando foi identificado como a personalidade anterior, Sujith reconheceu várias pessoas relacionadas à sua vida e comentou diversas mudanças feitas em sua propriedade. Fez inúmeros reconhecimentos quando nenhuma testemunha, além das duas famílias, estava presente, mas o monge ouviu-o mencionar o nome do sobrinho de Sammy Fernando.

O Dr. Stevenson entrevistou várias testemunhas um ano depois de Sammy Fernando ter sido identificado como a personalidade anterior. Conversou com 35 pessoas como parte de sua investigação, inclusive Sujith, que ainda falava sobre a vida passada aos três anos e meio de idade. O Dr. Stevenson descobriu que, embora as famílias de Sujith e Sammy não se conhecessem antes do início do caso, duas pessoas vizinhas do menino tinham ligações com Sammy. A família de Sujith conhecia ligeiramente uma delas, um ex-beberrão amigo de Sammy, mas não a outra, que era a irmã mais nova de Sammy. A família não fazia idéia do que Sujith andava dizendo até o monge viajar para Gorakana. De fato, nem a mãe do menino nem o monge tinham ouvido falar daquela localidade, uma pequena aldeia a certa distância de Colombo.

Além do medo de caminhões, Sujith exibia outros comportamentos que condiziam com a vida de Sammy Fernando. Fingia beber araca e certa vez fingiu-se de bêbado. Tentou até mesmo obter araca dos vizinhos e um deles lhe dava até a avó pôr um fim naquilo. Além disso, ele começou a fumar cigarros. Ninguém na família bebia araca ou fumava, mas Sammy Fernando tinha sido famoso por exagerar nos dois vícios. Sujith também exigia comidas bem-condimentadas, que Sammy muito apreciava, do tipo que a família, embora as degustasse ocasionalmente, não considerava próprias para crianças. Enfim, pequenino ainda, Sujith revelava tendência a ser fisicamente agressivo e a proferir obscenidades, dois hábitos que Sammy Fernando sempre exibia quando estava bêbado. Quando completou seis anos, o menino parou de falar em Sammy Fernando e de comportar-se da maneira estranha de antes. Mas continuou a pedir araca quando via outros bebendo-a.

Que pensar disso? Embora nos agradasse ter uma explicação simples e normal para o caso, pensamos realmente que todas aquelas pessoas arquitetaram um plano para enganar o Dr. Stevenson? Ou que os detalhes fornecidos por Sujith encaixaram-se por mero acaso na vida de Sammy Fernando? Ou que a irmã e o amigo beberrão de Sammy, que não tinham ligações com a família de Sujith, procuraram secretamente o menino e contaram-lhe detalhes sobre a vida do morto só para fazê-lo acreditar que era a reencarnação dele? Devemos também ter em mente que o caso de Sujith é apenas um entre muitos, dos quais examinaremos brevemente alguns.

Aspectos das Declarações sobre a Vida Passada

O caso de Sujith apresenta muitos dos aspectos típicos de episódios semelhantes: uma criança pequena insiste que tem lembranças de uma vida passada e fornece detalhes suficientes para identificar uma pessoa morta cuja vida se enquadra em suas declarações. Examinemos mais de perto os aspectos das declarações.

IDADE EM QUE SE FALA DE UMA VIDA PASSADA

Sujith começou a referir-se à vida pregressa quando tinha dois anos e meio; a idade média é de 35 meses. Em alguns casos, parte da comunicação é não-verbal: a criança faz gestos relacionados à vida passada antes de desenvolver as habilidades lingüísticas necessárias para transmitir a informação. Kumkum Verma, cujo caso descreverei em breve, não conhecia a palavra "ferreiro"; ela então disse que seu filho na vida passada trabalhava com um martelo e fez gestos de malhar, imitando também o funcionamento dos foles. O fato de a comunicação ocorrer em tenra idade parece bastante lógico, de vez que lembranças da vida pregressa, se existem, devem estar presentes desde o início. Apesar de tudo isso, há exceções. Quando crianças mais velhas relatam lembranças de uma vida passada, freqüentemente já viram coisas que lhes parecem evocar fatos de outrora. O Dr. James Matlock analisou 95 casos e descobriu que, quanto mais velho é o sujeito na ocasião das primeiras declarações, mais probabilidade há de que algo no próprio ambiente tenha estimulado as lembranças.

O caso de Sujith é também típico no sentido de que ele parou de falar sobre a vida pregressa quando estava com seis anos de idade. A maioria das crianças faz isso com seis ou sete — e elas não só param de falar como negam que tenham falado. Por que as coisas acontecem dessa maneira? Uma das possibilidades é que, como nessa época as crianças começam a freqüentar a escola, envolvem-se mais na vida presente e põem de lado as outras recordações. Mais importante talvez, essa é a idade em que todas as crianças esquecem a maior parte do que lhes aconteceu na primeira infância. Um pequerrucho pode conhecer um amigo da família, mas se esse amigo vai embora, em geral não guarda nenhuma lembrança dele quando chega aos seis ou sete anos. Chama-se a isso "amnésia da primeira infância" e, embora os seus motivos possam ser discutíveis, o fenômeno ocorre inquestionavelmente.

É, pois, lógico esperar que crianças com aparentes recordações de uma vida passada as esqueçam quando atingem a citada idade; de outro modo, teríamos de perguntar como elas conservariam lembranças mais antigas que as esquecidas. Crianças não são iguais e alguns sujeitos garantem ter ainda recordações da vida pregressa mesmo na idade adulta, tal como outras dizem lembrar-se de fatos ocorridos na primeira infância. Não obstante, a vasta maioria dos sujeitos parece esquecer tudo sobre a vida passada depois de poucos anos. Em trezentos casos coligidos nas mais variadas culturas, a idade média na qual os sujeitos pararam de falar a respeito da vida pregressa foi de setenta e dois meses (ou seis anos), mas essa idade variou muito entre os diferentes sujeitos. Em particular, os protagonistas de casos resolvidos tendem a conservar por mais tempo as lembranças do que os protagonistas de casos pendentes, presumivelmente porque as visitas entre as famílias as reforçam.

DETALHES DAS DECLARAÇÕES

O que Sujith disse sobre a vida passada é bastante típico dos nossos casos. Como descreveu a vida de alguém que morreu já adulto, falou mais a respeito de pessoas e lugares que a personalidade anterior havia conhecido na maturidade. Os sujeitos às vezes discorrem sobre pormenores mais antigos, como Sujith ao descrever a escola freqüentada por Sammy, mas quase sempre aferram-se a detalhes relativos ao fim da vida da personalidade anterior. Isso inclui, é claro, tratar da morte da personalidade anterior. Sujith descreveu com detalhes os acontecimentos do dia em que ocorreu o acidente fatal e o modo como a personalidade anterior faleceu, como o fazem 75% dos sujeitos. Esse padrão é consistente com a idéia da lembrança a transitar de uma vida para a seguinte. Assim como, nesta vida, as nossas lembranças são mais nítidas para os acontecimentos recentes do que para os antigos, aquelas crianças concentram-se em detalhes do final da existência passada, como se conservassem simplesmente as lembranças da época em que a personalidade anterior morreu.

Isso não significa que a criança não relate lembranças mais antigas da vida da personalidade anterior. A alusão de Sujith à escola de Sammy e a um professor que ali lecionava envolve questões que, provavelmente, não preocupavam muito Sammy Fernando no momento de sua morte, mas isso demonstra que as recordações infantis de eventos da vida pregressa são como as nossas reminiscências de adultos: ainda que, geralmente, evoquemos os acontecimentos mais importantes do passado, podemos também conservar outras lembranças aleatórias da infância.

A descrição que Sujith fez de uma morte violenta é característica de muitos de nossos casos. Naqueles em que se conhece o tipo de morte da personalidade anterior, 70% morrem de modo não-natural. Isso inclui afogamentos e mortes violentas, ou até mesmo intencionais como o assassinato ou o suicídio e não-intencionais como os acidentes. Essa cifra é bem mais elevada que a proporção real de óbitos devidos a meios não-naturais em qualquer das áreas onde os casos são registrados.

O cético argumentaria que as pessoas tendem a comentar mais as mortes violentas que as mortes naturais, por isso as crianças têm mais probabilidade de ouvir falar delas e assim alegar que as relembram. O caso de Sujith prova a fraqueza desse argumento. A morte de Sammy Fernando, ocorrida quando ele atravessou na frente de um caminhão, não foi tão inusitada a ponto de ainda constituir um tópico de conversação três anos depois do acidente. Além do mais, Sujith forneceu diversos detalhes referentes a Sammy Fernando que nada tinham a ver com a sua morte e dificilmente seriam discutidos àquela altura por alguém, fosse onde fosse.

Embora a maioria das crianças fale da morte, tais declarações são mais comuns nos casos em que as personalidades anteriores morreram violentamente do que naqueles em que elas morreram naturalmente. Enquanto 75% das crianças descrevem como morreu a personalidade anterior, só 57% o fazem nos casos de morte natural, parecendo então que o óbito por doença não afeta a consciência do mesmo modo que a morte súbita ou violenta. No capítulo final, aprofundarei o significado da morte violenta no processo de reencarnação, se aceitarmos esta como possibilidade.

MANEIRAS DE FALAR

A maneira como as crianças falam sobre a vida pregressa costuma variar. Algumas o fazem tranqüilamente, mas muitas revelam profunda emoção quando relembram eventos ou falam sobre pessoas da existência passada. Há as que choram quase todos os dias para serem devolvidas à antiga família. Por outro lado, uma garota americana chamada Olívia só falou uma vez sobre a vida passada, quando ainda não tinha três anos de idade. Nessa única ocasião, relata a mãe, a menina mostrou-se perturbadíssima ao insistir na necessidade de voltar ao seio de sua família. Olívia contou que o seu filho tinha sido assassinado e que um homem a havia segurado pelo braço, detendo-a. Chorou desoladamente por meia hora, mas depois se recuperou e nunca mais voltou a falar no assunto. O caso dela está pendente e é misterioso em mais de um ponto. Embora não haja evidência de vínculos com uma vida passada específica, parece estranho que uma criança se emocione tanto num jogo de faz-de-conta ou por ter ouvido alguma coisa no rádio ou na televisão.

As crianças não expressam o seu aparente conhecimento da vida pregressa como uma lista de fatos objetivos, mas como especificidades do ponto de vista da pessoa falecida. Sujith não apresentou as circunstâncias da vida de Sammy Fernando simplesmente como generalidades a respeito de um homem de cinqüenta anos e sim como detalhes sobre o fato de ter sido Sammy Fernando. Dizia "minha esposa" e "minha casa", mostrando que se identificava com o falecido.

Assim fazendo, algumas crianças empregam o passado verbal, outras o presente. Sujith não raro se referia a pessoas relacionadas à vida de Sammy no presente. Era tão novo quando começou a falar a respeito dessa vida que não podemos saber se isso se devia a uma confusão do passado com o presente ou se as suas habilidades lingüísticas eram ainda muito toscas para expressar pensamentos com clareza. Algumas crianças confundem passado e presente quando dizem aos pais: "Vocês não são meus pais. Meus pais moram em outro lugar." Nessas situações, compreensivelmente, as crianças pedem para ser devolvidas aos seus "pais verdadeiros". Quando não dão informações suficientes para que se possa identificar os pais anteriores, os atuais podem acalmá-las dizendo: "Sim, você viveu aquela vida, mas nesta é nosso filho." Isso ajudará a criança a distinguir o passado do presente.

Algumas crianças mostram-se preocupadas com a vida pregressa, outras costumam referir-se a ela com emoção intensa por um momento e logo depois vão brincar. Muitos pais afirmam que os filhos tendem a falar sobre a vida passada em certas horas. Em Myanmar, isso ocorre freqüentemente nos "dias escuros", de mau tempo. Pais americanos explicam que os seus filhos quase sempre falam sobre a vida passada em momentos de descontração, como uma viagem longa ou após o banho. Por razões que não entendemos, esse material parece ficar disponível só em determinadas ocasiões para certas crianças, enquanto outras, ao que tudo indica, podem discorrer sobre as suas reminiscências a qualquer instante.

Um elemento que não integra o caso de Sujith — nem a maioria dos outros — são as palavras iluminadas de sabedoria. Algumas crianças que alegam recordar acontecimentos entre-vidas às vezes fazem declarações filosóficas. Quando Kenny, o garoto que mencionei no Capítulo 1, tinha nove anos, soube que um amiguinho havia falecido e disse à mãe: "Sei que não foi bom Greg morrer; mas também não foi mau. Só espero que a mãe dele compreenda que apenas o corpo de Greg partiu. Além disso, Deus espera por todos no céu, mais cedo ou mais tarde." Mesmo nesse caso, não está claro se ele falou assim em virtude das recordações ou de sua religião católica.

Em geral, tais crianças costumam enfatizar pessoas e eventos do final da vida pregressa, e as suas opiniões sobre eles não diferem em nada das que, presumivelmente, a personalidade anterior cultivava. Alguns pais afirmam que os filhos parecem mais maduros ou sérios do que outras crianças da mesma idade; todavia, de um modo geral, as crianças não se distinguem umas das outras. Se postularmos que a iluminação vem com as lembranças, teremos de concluir que as crianças deixarão de ser iluminadas quando essas lembranças desaparecerem. Quando algumas mostram tendência a ser extremamente religiosas ou devotas, as personalidades anteriores foram também devotas. Mas isso não é um padrão geral para todas as crianças.

REGISTROS ESCRITOS

Um dos pontos no qual o caso de Sujith difere da maioria dos outros é que um registro escrito de suas declarações foi feito antes da identificação de sua personalidade anterior. Os casos registrados por escrito constituem uma pequena porcentagem, o que, porém, não chega a surpreender. Nos que envolvem a mesma família, fazer um registro antes da identificação da personalidade anterior nem sempre é possível. Muitos dos outros ocorrem em áreas nas quais as pessoas não costumam escrever com freqüência. Esses são geralmente aqueles casos em que a família procura convencer-se de que a criança é o renascimento de uma personalidade anterior específica e não está interessada em provar nada a ninguém. Podem lembrar-se do que o filho disse e até discuti-lo com outras pessoas, mas quase nunca registram as declarações.

O número de casos com registros de nossa pesquisa, 33 até agora, parece insignificante em comparação com o total. No entanto, coletar 33 casos nos quais registros escritos documentam declarações precisas que uma criança fez de sua vida pregressa é digno de nota, independentemente de quantos outros não foram lançados por escrito. Examinaremos mais alguns.

O Caso de Kumkum Verma

Kumkum Verma, uma menina indiana, começou a falar sobre a vida pregressa aos três anos e meio de idade. Afirmou ter morado em Darbhanga, cidade de duzentos mil habitantes que ficava a uns 35 quilômetros da sua aldeia, no bairro de Urdu Bazar. O pai de Kumkum, homem culto, fazendeiro, médico homeopata e escritor, não conhecia ninguém em Urdu Bazar, distrito comercial onde residiam artesãos, operários e donos de pequenos negócios.

Kumkum pediu à família que a chamasse de Sunnary, que significa "bela", e forneceu diversas informações sobre a sua vida passada. Uma tia anotou algumas dessas declarações seis meses antes que alguém tentasse identificar a personalidade anterior. O Dr. Stevenson, que conheceu a família quando a menina estava com nove anos, obteve uma tradução inglesa de trechos das anotações, mas não o caderno completo, pois este tinha sido emprestado a alguém e se perdera. Os trechos registravam dezoito declarações que se revelaram corretas relativamente à personalidade anterior, inclusive o nome de

Urdu Bazar, o nome do seu filho, o fato de ter trabalhado com um martelo, o nome do seu neto, o nome da cidade onde o pai tinha vivido, a localização de sua casa perto de um mangueiral e a existência de uma lagoa nas imediações. Ela tinha afirmado com exatidão que possuía em casa um cofre de ferro, uma espada pendurada perto de sua cama e uma cobra perto do cofre, a quem alimentava com leite.

O pai de Kumkum por fim conversou sobre as declarações da filha com um amigo de Darbhanga. Esse amigo tinha um empregado residente em Urdu Bazar que conseguiu identificar a personalidade anterior, Sunnary ou Sundari Mistry, a quem a menina parecia ter descrito. Os parentes da personalidade anterior pertenciam a uma classe de artesãos relativamente modesta e dificilmente teriam contato com uma família de alto nível social e cultural como era a do Dr. Verma. De fato, pouco se encontraram mesmo depois do surgimento do caso. O neto da personalidade anterior visitou a família de Kumkum duas vezes. O Dr. Verma foi a Urdu Bazar uma vez para conhecer os parentes da personalidade anterior, mas não permitiu que Kumkum o acompanhasse. Aparentemente, não estava nada orgulhoso pelo fato de a filha alegar ter sido mulher de um ferreiro na vida pregressa.

Um dado interessante é que Kumkum afirmou ter morrido durante uma discussão, envenenada pela esposa do filho adotivo. Sundari, que havia falecido repentinamente cinco anos antes do nascimento de Kumkum, preparava-se para servir de testemunha ao filho no processo que ele movia contra o segundo marido dela, pois o filho achava que o padrasto havia se apropriado indevidamente do dinheiro do seu falecido pai. Nessa ocasião, Sundari morreu. Não foi feita nenhuma autópsia e a declaração de Kumkum, segundo a qual havia sido envenenada, não foi averiguada.

Igualmente digno de nota é o fato de Kumkum falar com um sotaque diferente do da família. Esta o associava às classes baixas de Darbhanga e relatou que, ademais, Kumkum empregava algumas expressões curiosas, também relacionadas aparentemente às classes baixas.

O Caso de Jagdish Chandra

O caso de Jagdish Chandra, na Índia, já era bastante antigo quando o Dr. Stevenson entrou em cena. O sujeito estava então no final da casa dos trinta anos. O pai dele, advogado famoso, havia feito um registro por escrito das declarações do garoto, com as devidas verificações, logo no início do caso. Jagdish nasceu numa populosa cidade do norte da Índia. Quando tinha três anos e meio, começou a dizer que tinha vivido em Benares, localizada a aproximadamente quatrocentos quilômetros de distância. Forneceu inúmeros detalhes. O pai pediu que vários colegas e amigos conversassem com o menino para testemunhar o que ele dizia. Depois, escreveu ao presidente da câmara municipal de Benares, que respondeu afirmando ter descoberto a quem Jagdish se referia logo ao terminar de ler a carta; não bastasse isso, ele tinha feito algumas averiguações e havia concluído que as declarações do menino eram em sua maioria precisas.

O pai de Jagdish escreveu então a um jornal de circulação nacional pedindo-lhe ajuda na verificação das informações do filho. O menino, dizia ele na carta, afirmava que o seu pai se chamava Babuji Pandey e tinha uma grande casa em Benares com um largo portão, uma sala de visitas e um porão onde se via um cofre de ferro na parede. A sílaba *Ji*, acrescentada ao final do nome, significa "respeitável", portanto Jagdish dizia que o seu pai se chamava Babu. O pai informou também que Jagdish descrevia um pátio no qual Babuji se sentava à noite, cercado de gente, para saborear *bhang*, uma bebida indiana. Disse ainda que Babuji recebia mensagens e passava pó ou argila no rosto antes de lavá-lo. Descreveu dois carros — então pouco comuns na Índia — e uma carruagem, e que os dois filhos e a esposa de Babuji haviam morrido. O pai acrescentou que Jagdish "citou inúmeros assuntos privados e familiares".

Um dia depois que a carta foi publicada, o pai de Jagdish compareceu diante de um magistrado a fim de registrar oficialmente as declarações do filho, antes de viajarem para Benares, onde a personalidade anterior tinha vivido. As declarações registradas, além das que constavam do jornal, incluíam as seguintes: o seu nome tinha sido Jai Gopal e o seu irmão, mais velho que ele, atendia por Jai Mangal e havia sido envenenado. O rio Ganges ficava próximo da casa e ali se localizava o Dash Ashwamadh Ghat. (*Ghats* são molhes onde as pessoas se banham; Babu Pandey era supervisor de um deles.) Uma prostituta chamada Bhagwati havia cantado para Babu.

Jagdish foi levado para Benares, onde todas as declarações acima foram confirmadas, exceto pelo fato de Babu Pandey ter usado automóveis, mas sem ser dono de nenhum. Jagdish parecia reconhecer pessoas e lugares na cidade.

Na busca de uma explicação para semelhantes casos, o fato de as declarações da criança serem registradas antes de alguém tentar verificá-las significa que podemos eliminar uma possibilidade: a de que as famílias, por equívoco, atribuíram posteriormente à criança mais conhecimento sobre a personalidade anterior do que ela de fato possuía antes do encontro dessas famílias. Isso ainda nos deixa frente a várias outras possibilidades. Uma é que as declarações se revelaram corretas por mera coincidência. Se considerarmos quão específicas são certas declarações da criança — por exemplo, Sujith informando que o seu pai Jamis tinha problemas no olho direito, Kumkum assegurando que a personalidade anterior alimentava uma serpente com leite e Jagdish descrevendo os hábitos do pai da personalidade anterior —, a coincidência parece extremamente improvável. Há que se pensar na fraude; mas não vemos motivo algum para ela, especialmente no caso de Kumkum, pois o fato de ela sustentar que tinha sido esposa de um ferreiro embaraçava o seu pai. O pai de Jagdish mostrou-se interessado em documentar um aparente caso de reencarnação, mas se esse desejo poderia induzir um advogado de destaque a fraudar, eis o que está aberto à discussão. A outra explicação normal restante é que as crianças tomaram conhecimento das vidas pregressas por meios corriqueiros, ouvindo falar das personalidades anteriores. Embora isso possa ter sido mais provável para Sujith do que para os outros dois, uma vez que a sua personalidade anterior tinha vivido mais perto, a idéia de que as crianças de algum modo souberam de pequenos detalhes a respeito de estranhos falecidos em outros lugares, sem o conhecimento dos pais, e depois resolveram que haviam sido aqueles estranhos numa vida passada chega bem perto do absurdo.

Quando removemos a possibilidade de se ter atribuído às crianças mais conhecimento sobre a personalidade anterior do que elas de fato demonstraram, como podemos fazer nos casos em que as declarações foram registradas antes de sua verificação, restam-nos poucas opções viáveis afora um processo paranormal. Se, depois, descobrimos a existência de muitos outros casos similares a esses em todos os pontos, exceto pelo fato de não ter sido feito registro antes da verificação das declarações, podemos razoavelmente descartar os primeiros como situações nas quais as famílias, por engano, atribuíram aos filhos mais informações do que eles na realidade forneceram?

O Caso de Ratana Wongsombat

Ratana Wongsombat nasceu em Bangkok em 1964. O seu pai adotivo ia meditar uma vez por semana no Wat Mahathat, um grande templo com mais de trezentos monges, do outro lado da cidade. Ratana começou a pedir para ir também. Quando tinha catorze meses de idade, o pai a levou pela primeira vez. Estando ambos lá, ela pareceu mostrar conhecimento do local. De volta a casa, o pai perguntou-lhe onde ela havia estado antes desta vida. Ratana pôs-se a falar então sobre uma vida pregressa e contou a seguinte história. Ela tinha sido uma chinesa chamada Kim Lan e alojara-se no templo, onde vivia num tugúrio verde com uma monja de nome Mae Chan. Expulsa dali, foi para um bairro de Bangkok chamado Banglampoo. Tinha apenas uma filha, residente na cidade natal de Kim Lan, cujo nome forneceu; Kim Lan tinha voltado para lá ao final da vida e lá havia morrido depois de submeter-se a uma cirurgia. Ratana revelou desgosto pelo fato de, após morrer como Kim Lan, as suas cinzas terem sido dispersas em vez de sepultadas.

O pai de Ratana nunca tinha ouvido falar de uma mulher chamada Kim Lan e, aparentemente, não tentou verificar de imediato as declarações da filha. Quando esta completou dois anos, levou-a de novo ao templo. Ao passar por um grupo de monjas, Ratana reconheceu uma delas e gritou-lhe: "Mae Chan!". A monja não respondeu, mas Ratana disse ao pai que tinha morado com ela em sua vida pregressa. O pai voltou ao templo alguns dias depois e conversou com a monja. Ela se chamava Mae Chee Chan Suthipat (*Mae Chee* é um título honorífico das monjas da Tailândia e significa "mãe monja"), mas algumas pessoas, incluindo a personalidade anterior, chamavam-na de Mae Chan. Ela confirmou que quase todas as declarações de Ratana, sem excluir as apresentadas neste resumo, eram corretas relativamente à vida de Kim Lan Prayoon Supamitr, que havia falecido um ano e meio antes de Ratana nascer.

A filha de Kim Lan também confirmou as declarações da menina, inclusive o destino que havia sido dado aos seus restos mortais. Kim Lan desejava que as suas cinzas fossem sepultadas sob a árvore *bo* do recinto do templo, mas, quando a filha tentou satisfazer-lhe a vontade, as raízes da árvore eram tão emaranhadas que ela acabou espalhando as cinzas em vez de sepultá-las.

O Caso de Gamini Jayasena

Gamini Jayasena nasceu em Colombo, Sri Lanka, em 1962 e começou a falar sobre a vida passada antes de completar dois anos. Com o passar do tempo, foi dando detalhes que incluíam os seguintes: tivera outra mãe, mais alta que a atual; alguém chamado Nimal o havia mordido; tinha uma mochila escolar que ainda descansava sobre uma cadeira e um elefante de brinquedo que costumava banhar numa lagoa; certa vez, havia caído num poço. Alguém chamado Tio Charlie era dono de um carro no qual costumava levá-lo à escola; a família do Tio Charlie tinha também uma motocicleta vermelha.

Como Gamini não deu nome a nenhum lugar nem mencionou sobrenomes, o caso talvez permanecesse insolúvel se a sua família não empreendesse uma viagem de ônibus quando ele estava com dois anos e meio de idade. Quando o veículo fez uma breve parada num lugar chamado Nittambuwe, Gamini disse à pessoa que estava ao seu lado, um amigo da família, que aquele tinha sido o seu lar. A pessoa transmitiu a informação aos pais de Gamini, que por sua vez a comunicou ao primo da mãe, um monge muito conhecido.

O monge resolveu investigar o caso e levou a família de volta a Nittambuwe. Saltaram do carro no local onde Gamini havia feito o seu comentário e encaminharam-se para as quatro casas alinhadas rua abaixo. Gamini afirmou que a sua mãe tinha morado ali, mas o monge resolveu não ir em frente. Ao que parece, temia que aquele não fosse o lugar certo e receava penetrar num lar cristão. A família achava que Gamini provavelmente evocava a vida de um cristão porque se ajoelhava para orar, com o tronco ereto e não com as nádegas pousadas nos calcanhares, à maneira típica dos budistas, e porque certa vez pediu à mãe para dependurar na parede um crucifixo de madeira que tinha achado. A família voltou para Colombo, mas alguns habitantes de Nittambuwe haviam reconhecido o monge durante a visita e falaram disso aos moradores do local indicado por Gamini. Essa família, que era de fato cristã, tinha perdido um filho dois anos antes do nascimento de Gamini. O menino, chamado Palitha, tinha falecido de uma curta doença. Pouco antes de ficar doente, ele havia voltado da escola de férias e deixado a mochila numa cadeira, em vez de colocá-la sobre o guarda-louça, como sempre fazia, enquanto declarava que não pretendia voltar mais à escola novamente. Ele tinha um irmão mais novo chamado Nimal, que certa vez o havia mordido.

Os pais de Palitha visitaram o monge. Deram-lhe uma fotografia de Palitha, que mais tarde Gamini pareceu reconhecer. Depois disso, a família de Gamini viajou de novo para Nittambuwe para se encontrar com os pais de Palitha. Desafiaram-no a identificar algumas pessoas e lugares. Levado à escola de Palitha e à pensão onde este residia enquanto freqüentava a escola, ele fez outros reconhecimentos e declarações a respeito da vida do menino falecido.

Todas as declarações de Gamini aqui listadas revelaram-se corretas no que se refere a Palitha, exceto pelo fato de seu tio Charles Senewiratne, que de fato tinha um carro, não o levar à escola. Não se encontrou conexão alguma entre a família de Gamini em Colombo e a família de Palitha em Nittambuwe, localizada a cerca de trinta quilômetros de distância.

Nos dois casos, não se fez registro escrito das declarações das crianças antes da identificação da personalidade anterior. Entretanto, se concluirmos que as famílias atribuíram a elas mais conhecimento do que inicialmente possuíam — por exemplo, não citaram na verdade os nomes próprios que disseram haver citado —, então teremos de explicar por que esses casos seriam diferentes daqueles nos quais registros escritos documentam que as crianças fizeram mesmo declarações bastante específicas. Esses casos mostram que algumas crianças podem fazer declarações específicas sobre vidas passadas que mais tarde se descobrem corretas relativamente a uma certa pessoa morta e, como os casos são muito parecidos sob todos os outros aspectos, os que contam com registros escritos devem forçar-nos a questionar a explicação de informação falsamente atribuída para muitos dos outros casos.

O que é um Caso de Peso

Examinando os casos que não contam com registros escritos, vemos que alguns têm mais peso que outros. Por exemplo, aqueles nos quais as crianças repetem constantemente as suas alegações são mais ponderáveis do que aqueles nos quais isso não acontece, porque os pais têm melhores chances de recordar em minúcia o que os filhos disseram, mesmo à falta de anotações.

Outra característica que reforça um caso é a presença de um intermediário entre as famílias. O caso de Purnima, no Capítulo 4, é um bom exemplo disso. O pai dela falou a um professor sobre as suas declarações de ter sido um fabricante de incenso e o professor, em companhia do cunhado, localizou a família da personalidade anterior. Numa situação assim, os intermediários atuam como testemunhas adicionais das declarações da criança e, mais importante ainda, são terceiros desinteressados. Embora o professor e o seu cunhado se sentissem curiosos para saber se as palavras de Purnima combinariam com a vida de alguém em Kelaniya, eles não investiam emocionalmente na confirmação das declarações, como o faria um pai.

Outro aspecto que dá peso a um caso é a existência de múltiplas testemunhas. Quando não se dispõe de registros escritos para saber o que a criança disse exatamente, ter dez testemunhas que se lembram das palavras proferidas por essa criança é sem dúvida melhor do que ter apenas uma. Nós sempre procuramos entrevistar o máximo de informantes possível. Não significa isso que as lembranças de várias pessoas não possam se fundir para moldar uma história inexata, mas aqui as chances de uma memória falha diminuem na razão direta do número de testemunhas disponíveis.

Ocasionalmente, declarações incorretas da criança podem até mesmo fortalecer o caso. Nessa circunstância, a versão da criança difere da "versão oficial", mostrando que as declarações dela não se basearam nos fatos. Um exemplo é o caso do garoto chamado Ekkaphong, que o Dr. Keil e eu investigamos na Tailândia. A personalidade anterior era um jovem da aldeia morto acidentalmente quando caçava com três amigos. Um deles havia deixado cair o rifle, que disparou e atingiu o rapaz. Todas as pessoas da aldeia identificavam o amigo Aet como o responsável pelo acidente, mas Ekkaphong estava tão convicto de que se tratava de outro, chamado Phon, que quando criança tentou estrangulá-lo. Ele não poderia ter obtido esse conhecimento dos habitantes da aldeia, pois todos achavam que quem havia deixado cair o rifle tinha sido Aet. Também não faz sentido pensar que os habitantes mentiram para nós dizendo que Ekkaphong tinha acusado Phon injustamente.

Um caso como esse, em que o sujeito e a personalidade anterior eram da mesma aldeia, não impressiona tanto como aqueles em que as crianças relatam lembranças da vida de pessoas completamente desconhecidas de suas famílias. Temos notícia de numerosos casos de ambos os tipos. Dos 971 casos provenientes de várias culturas, 195 envolviam a mesma família. Em sessenta outros, as duas famílias mantinham sólidos vínculos antes da eclosão dos fenômenos. Em 115, os vínculos eram frouxos. Em 93, a família do sujeito tinha ouvido falar da personalidade anterior, mas não tinha nenhuma conexão com ela. Dos 971 casos, 508 envolviam estranhos; desses, 239 foram solucionados, 232 permanecem em suspenso e nos restantes tentou-se uma identificação. Há, pois, um vasto leque de conexões nos casos.

Exame das Explicações

Muitos desses casos lembram de perto os de Indika e Purnima, tratados no último capítulo, exceto pelas marcas de nascença. Em alguns casos, quando as declarações da criança não são suficientemente específicas, a fantasia, junto com a coincidência, pode ser usada para explicar alguns deles. Mas se a criança fornece detalhes precisos — por exemplo, Ratana Wongsombat citando o nome da personalidade anterior, os lugares onde viveu e até o fato de as cinzas da personalidade anterior terem sido espalhadas e não sepultadas —, penso que devemos remover a coincidência como explicação razoável.

Uma possibilidade é que as crianças obtiveram informações sobre a vida pregressa por meios normais. Isso talvez se aplique aos casos que envolvem a mesma família e àqueles nos quais tanto a criança quanto a personalidade anterior são do mesmo lugar. Mas torna-se menos crível quando aparecem estranhos que moram muito afastados. A personalidade anterior, no caso de Ratana, morou durante certo tempo no santuário freqüentado pelo pai da menina, mas como se tratava de um templo imenso, do outro lado de Bangkok, é difícil perceber como Ratana poderia ter ouvido falar nela. Muitos casos não apresentam sequer essa conexão ligeira, por isso não podemos sensatamente presumir que as crianças, de alguma forma, souberam de inúmeros detalhes pessoais a respeito da personalidade anterior ouvindo falar dela de passagem.

No caso de Sujith Jayaratne, a personalidade anterior viveu numa aldeia distante apenas dez quilômetros da residência da criança, portanto podemos pensar que ele já tinha ouvido falar a seu respeito. Quando consideramos, porém, que a aldeia da personalidade anterior era um ambiente bem diverso do subúrbio de Colombo onde Sujith morava, e que ninguém na família de Sujith tinha a menor notícia dessa personalidade (muito menos o pai com um problema no olho), o conhecimento adquirido por meios normais também não parece uma boa explicação. Se a isso acrescentarmos casos como o de Kumkum Verma, cuja personalidade anterior havia morado a trinta quilômetros de distância, e o de Kemal Atasoy, o menino turco da Introdução, cuja personalidade anterior tinha vivido afastada uns setecentos quilômetros, o conhecimento adquirido torna-se impensável.

Aqui, pois, o problema se resume em saber por que, por exemplo, ouvir falar de alguém num mercado levaria crianças a identificar-se com uma pessoa falecida que teve uma vida absolutamente comum. No todo, essa explicação faz pouquíssimo sentido nos casos em que as famílias não conheciam as personalidades anteriores e que não há motivo para pensar que as crianças nem sequer tinham ouvido falar delas.

Isso nos reconduz à hipótese da memória falha dos informantes. Se aspirarmos a uma explicação normal para semelhantes casos, terá de ser esta. Podemos concluir, digamos, que Ratana na verdade não declarou terem as cinzas da personalidade anterior sido espalhadas em vez de sepultadas, mas que o seu pai pensou mais tarde que ela o havia declarado. Há, sem dúvida, problemas com essa explicação (as crianças insistiram repetidamente em suas declarações e inúmeras testemunhas corroboraram-lhes as palavras); mas, à falta de documentação comprobatória, só nos resta responsabilizar a imperfeição da memória humana.

A explicação vai por água abaixo quando consideramos casos em que um registro escrito das declarações da criança foi feito antes da identificação da personalidade anterior. Aqui, não podemos censurar a falha de memória e, como vimos, as outras alternativas de explicação são limitadas. Quando Sujith Jayaratne disse que o pai da personalidade anterior se chamava Jamis e tinha problemas no olho direito, nem de longe podemos imaginar que essas informações foram pura coincidência. De fato, dada a especificidade das declarações em muitos casos, jamais me ocorreria que qualquer pessoa sensata pudesse alegar a coincidência para explicá-los; no entanto o Dr. Richard Wiseman, psicólogo da Universidade de Hertfordshire, na Grã-Bretanha, o fez. Levou a cabo um experimento no qual pediu a algumas crianças pequenas que elaborassem histórias a respeito de vidas passadas e depois tentou encontrar a reportagem de uma morte que combinasse com os detalhes fornecidos pela criança. O argumento dele é que os nossos casos são deste tipo:

as crianças simplesmente alinhavam histórias que de algum modo condizem com fatos da biografia de uma pessoa falecida.

O Dr. Wiseman não publicou os resultados do seu trabalho, mas discutiu-os em dois documentários televisivos dos quais ambos participamos. No melhor caso que ele apresentou, uma menina chamada Molly contou a história de uma garotinha de três anos, Katie, que foi mordida por um monstro e morreu. O doutor vasculhou então os arquivos de jornais e deu com o relato do seqüestro e morte de uma menina de três anos, Rosie. A história de Molly apresentava alguns pontos que eram verdadeiros para Rosie, inclusive cabelos ruivos, olhos azuis e um vestido rosa florido. Molly não forneceu uma localização específica, mas disse que Katie tinha vivido perto do mar, como de fato era o caso de Rosie.

Esse episódio difere obviamente dos nossos em muitos pontos críticos. Além do fato de a história de Molly apresentar o elemento fantástico do monstro, a descrição dela não inclui o nome correto da menina nem uma localização específica, fatores que em nossos casos quase sempre se revelam cruciais. Embora o trabalho do Dr. Wiseman mostre que, com um arquivo suficientemente rico, podemos encontrar coisas muito interessantes, não se relaciona a casos de família que vão a locais precisos em busca de pessoas determinadas. De certo modo, o seu estudo demonstra que a coincidência não é capaz de explicar partes importantes dos casos, ainda que a intenção do doutor fosse bem outra.

Isso nos deixa a fraude descarada como única explicação para os casos com registros escritos. Sem dúvida, a fraude pode ser usada também para os outros casos que discutimos. Mas essa opção apresenta diversos problemas. Em primeiro lugar, não temos motivo para questionar a integridade dos informantes, que nos concederam o seu tempo e atenção sem ganhar nada; e estou certo de que conversar com essas famílias sobre as suas experiências convenceria qualquer pessoa imparcial de sua correção e honestidade.

Em segundo lugar, na maioria dos casos, as famílias envolvidas não tinham motivo algum para perpetrar uma fraude. Por que iria a mãe de Sujith Jayaratne convencê-lo a fingir ter sido um contrabandista de bebidas? No caso de Kumkum Verma, o pai não estava nada orgulhoso por saber que ela havia pertencido a uma casta inferior e nem sequer permitiu que a filha visitasse a antiga família. Portanto, não temos razão alguma para supor que ele a coagiu a dar aquelas declarações. Kemal Atasoy pertencia a uma família próspera e os seus pais não tinham por que encorajá-lo a se fazer passar por um homem morto há cinqüenta anos.

Em terceiro lugar, falando ainda do problema da motivação, engendrar uma fraude não seria viável na maioria dos casos. A estrela do espetáculo é geralmente uma criança bem pequena, ou seja, de modo algum o tipo mais confiável de pessoa a empregar quando se pretende enganar alguém. Além disso, em muitos dos casos, diversas testemunhas asseguram ter ouvido a criança discorrer sobre a vida pregressa durante certo tempo; estariam então, todas elas, envolvidas na fraude? Afirma-se repetidamente que as crianças também identificaram pessoas ou objetos relacionados à personalidade anterior; como os pais conseguiram ajudá-las a realizar essa proeza?

Em suma, a idéia de que bom número desses casos origina-se de fraude realmente é absurda e, não fosse pela falta de explicações alternativas, mal levaríamos em conta semelhante possibilidade. De certo modo, quando as pessoas fazem uma acusação de fraude sem apresentar provas, estão no fundo admitindo que não conseguem explicar o fenômeno. Etiquetar esses casos como fraudulentos significa que não dispomos de uma explicação normal pertinente para eles; temos, pois, de recorrer à hipótese de fraude se não quisermos considerar as explicações paranormais.

Relativamente às explicações paranormais, a PES sem dúvida merece ser examinada, uma vez que as crianças parecem ter sobre a vida pregressa um conhecimento que nunca lhes chegaria pelas vias normais. Conforme discuti no Capítulo 3, essa explicação é por muitos modos problemática. Pessoas que parecem capazes de percepção extra-sensorial quase sempre exibem habilidades em circunstâncias várias, exceto nos casos em que dois parentes próximos às vezes mantêm uma conexão telepática entre si. Bem diferente é a situação na qual crianças aparentemente destituídas de qualquer outra capacidade paranormal conseguem fornecer detalhes precisos sobre a vida de uma pessoa morta. A explicação da PES estaria também em franca contradição com a postura subjetiva das crianças, que pensam estar evocando reminiscências do ponto de vista da pessoa falecida, cuja vida foi outrora a sua.

A possessão também pode explicar as declarações, mas diversos fatores se mostram contrários a isso. Embora se diga que as crianças freqüentemente partilham alguns traços da personalidade anterior, ninguém afirma que elas se tornam de súbito essa pessoa. Além do mais, as declarações são muitas vezes intermitentes. Em muitos casos, as lembranças não parecem ser acessíveis às crianças o tempo todo, como o seriam caso a personalidade anterior tivesse se apossado do seu corpo. Isso aponta para uma possessão temporária, exceto pelo fato de as crianças não perderem as lembranças ou a personalidade da vida atual quando passam a evocar fatos da anterior. Por último, as declarações começam a ser feitas quase sempre em tenra idade. Se os nossos forem casos de possessão, devemos esperar que ocorram em diversas idades e não apenas quando as crianças aprendem a falar.

A reencarnação, sem dúvida, explica as declarações, porquanto as crianças afirmam lembrar-se de vidas passadas. Mas, se a explicação for essa, vários fatores concernentes às declarações são estranhos. Um deles, de novo, é que as lembranças não parecem acessíveis o tempo todo a muitas crianças. Se uma criança renasceu e consegue evocar reminiscências da vida pregressa, então deveria poder evocá-las a qualquer momento. No entanto, apesar de muitas crianças não terem acesso às recordações o tempo todo, os outros aspectos dos casos mostram que as lembranças não são apenas conhecimento intermitente de material paranormal, como sucederia se acatássemos a hipótese da PES. Essas "recordações" são bastante significativas para a maioria das crianças e elas certamente as tomam por suas, como acontecimentos antigos que vivenciaram.

As declarações parecem muitas vezes compor uma descrição incompleta da vida passada. Algumas crianças, é claro, relatam incontáveis detalhes da existência pregressa, mas outras só relatam uns poucos. Isso talvez pareça estranho no que diz respeito à reencarnação até o compararmos a lembranças antigas das nossas próprias vidas. Lembranças antigas são bastante difusas e, não raro, detalhes insignificantes assumem proporções de grandes acontecimentos. Assim como Kumkum Verma lembrava-se de que o seu pai na vida passada morava perto de um mangueiral, pode acudir-nos de súbito um aspecto característico de um lugar ou mesmo de uma pessoa que conhecemos. As crianças falam de pessoas e acontecimentos relacionados ao final da vida passada porque essas lembranças estão menos distantes do que as outras.

As declarações das crianças constituem o núcleo dos casos. Como vimos, parecem possuir um conhecimento sobre pessoas falecidas que, no dizer de seus pais, nunca lhes chegaria por vias corriqueiras. Embora esse conhecimento proporcione as evidências de maior peso, os outros aspectos por nós estudados são importantes por mostrar que o fenômeno vai muito além das declarações. Comportamentos como a fobia de Sujith por caminhões que surgiu na infância, bem como o seu desejo por álcool e tabaco, exigem claramente uma explicação. Examinaremos melhor esses comportamentos no próximo capítulo.

CAPÍTULO 6

Comportamentos Inusitados

Kendra Carter, uma garota que vive na Flórida, tinha quatro anos e meio quando se apresentou para a sua primeira aula de natação com uma instrutora chamada Ginger. Imediatamente saltou ao colo de Ginger e mostrou-se muito carinhosa para com ela. Quando a instrutora precisou cancelar uma aula, três semanas depois, Kendra soluçou incontrolavelmente. Ao comparecer à aula seguinte, mostrou-se muitíssimo feliz. Falava o tempo todo em Ginger.

Algumas semanas mais tarde, Kendra começou a dizer que o bebê de Ginger tinha morrido: Ginger tinha ficado doente e o abortara. Quando a mãe lhe perguntou como sabia essas coisas, respondeu: "Eu sou o bebê que estava dentro da barriga dela." Até então, Kendra só tinha visto Ginger durante as aulas e a mãe sabia que as duas nunca haviam ficado a sós. Kendra falou de um aborto, explicando que Ginger havia permitido que um homem mau a expulsasse e que ela tinha tentado se enforcar, mas não conseguiu. Disse que pouco depois havia sentido muito medo num lugar escuro e frio. A mãe de Kendra soube depois, pela própria Ginger, que ela de fato havia abortado nove anos antes do nascimento de Kendra, quando estava solteira, doente e às voltas com uma anorexia nervosa.

Kendra pôs-se a murmurar que iria morrer, pois Ginger não tinha conseguido dá-la à luz. Dizia: "Vou morrer e não voltarei mais." Esse medo da morte tornou-se tão intenso que a mãe levou-a a um terapeuta, o qual sugeriu a encenação de uma cerimônia durante a qual Kendra "nasceria" de Ginger. Depois disso, parece que o medo desapareceu.

Embora Ginger se mostrasse às vezes fria com respeito a Kendra, a menina passou a exibir muito contentamento e expansão dos sentimentos quando estava com ela; mas, nas outras ocasiões, ficava quieta e retraída. A mãe lhe permitiu passar mais e mais tempo com a instrutora. Por fim, Ginger preparou um quarto para ela em sua casa e ali Kendra dormia três noites por semana. As ausências de Kendra eram difíceis para a mãe, mas ela as permitia porque o desejo da filha de estar com Ginger era intenso.

Infelizmente, Ginger e a mãe de Kendra acabaram se desentendendo e a instrutora disse que não queria mais ver a menina. Depois disso, Kendra ficou sem falar durante quatro meses e meio. Não se interessava pelas brincadeiras, comia pouco e dormia muito. Ao final desse tempo, Ginger esteve com ela por duas horas. De imediato a menina voltou a falar para dizer a Ginger que a amava. A instrutora convidou-a de novo à sua casa, mas Kendra já não se sentia à vontade lá. Aos poucos começou a falar mais e a participar de brincadeiras.

A mãe de Kendra achava tudo isso perturbador. A situação da filha inquietava-a, como também a possibilidade da reencarnação. Freqüentava uma igreja cristã conservadora e pensou que havia cometido um pecado simplesmente por comprar um livro sobre o assunto durante a fase problemática de Kendra. Concluiu que talvez o espírito da filha andasse procurando outro corpo após o aborto de Ginger, mas não aceitava a idéia de a reencarnação ser um processo normal.

Esse caso nos põe frente a frente com diversas questões intrigantes. Por que uma garotinha de quatro anos pensava ter estado envolvida num aborto? O que a fez nutrir a idéia de reencarnação se era criada por uma mãe avessa até mesmo a considerar essa possibilidade? E por que ficou tão ligada emocionalmente a uma mulher que nem sempre se mostrava carinhosa para com ela?

Emoções que Persistem

A depressão de Kendra é exemplo do elemento emocional presente em muitos desses casos. Ter notícia de crianças que choraram durante anos para que a família as devolvesse aos pais anteriores, até a família concordar, não é coisa rara. Outras crianças têm crises emocionais por muito pouco tempo, como Olívia, que no último capítulo vimos abatida ao contar uma única vez que havia perdido a sua família. Afora a saudade da antiga família, que muitas crianças demonstram, há casos de demonstrações de afeto para com os membros da antiga família que parecem indicar uma forte ligação entre a personalidade anterior e o sujeito. Por exemplo, as crianças se mostram com freqüência afetuosas para com o marido ou os pais da personalidade anterior, mas podem hostilizar irmãos mais novos mesmo sendo estes adultos ao tempo do encontro.

Sukla Gupta, da Índia, é outra criança dada à emoção. Essa menina tinha menos de dois anos quando contraiu o hábito de embalar um pedaço de madeira ou um travesseiro, a que chamava de "Minu". Disse que Minu era a sua filha e, pelos três anos seguintes, falou mais e mais sobre a vida passada. Forneceu bom número de detalhes, inclusive o nome de um bairro de uma cidade situada a quinze quilômetros de distância. Ali, uma mulher que tinha uma filhinha de nome Minu havia morrido seis anos antes do nascimento de Sukla e foi identificada como a personalidade anterior. Quando Sukla completou cinco anos de idade, os pais a levaram para conhecer a família da falecida. Sukla começou a chorar quando viu Minu, então com onze anos, e mostrou-se extremamente carinhosa para com ela. A certa altura, um dos primos da personalidade anterior testou Sukla dizendo-lhe falsamente que Minu estava com febre alta. Sukla pôs-se a soluçar e durante algum tempo ficou inconsolável. Em outra ocasião, Minu de fato caiu doente e, quando Sukla o soube, começou a chorar de novo e pediu que a levassem para junto dela. Permaneceu inquieta até o dia seguinte, quando a família a conduziu à casa de Minu, que então já tinha melhorado.

Sukla também se mostrava afetuosa com relação ao marido da personalidade anterior. Depois que se encontraram, estava sempre à espera de que ele a visitasse. O marido o fez semanalmente por mais ou menos um ano, até a segunda esposa começar a queixar-se das visitas. A partir daí, estas se tornaram menos freqüentes. Sukla passou a falar com menos freqüência sobre a vida pregressa depois dos onze anos e, aos poucos, foi se desligando do marido da personalidade anterior e de Minu. No início da adolescência, queixou-se de que eles a aborreciam quando vinham vê-la.

Nem sempre os sentimentos dos sujeitos diminuem com o tempo e pelo menos um deles, Maung Aye Kyaw, de Myanmar, cresceu e se casou com a viúva da personalidade anterior. A permanência do afeto depende muitas vezes da freqüência com que as famílias se encontram depois do primeiro contato. Algumas se tornam muito amigas, visitando-se muitas vezes pelo menos no início, mas outras apresentam certa resistência. Essa resistência pode relacionar-se à suspeita, por parte da família anterior, de que a do sujeito esteja à procura de vantagens ou ao medo, por parte da família atual, de que a criança se apegue demais à outra. O desnível socioeconômico pode também fazer com que as famílias se estranhem.

Os sujeitos às vezes alimentam sentimentos bastante negativos com relação a pessoas ligadas à personalidade anterior. Já mencionei o caso de Ekkaphong, que tentou estrangular o homem a seu ver responsável pela morte da personalidade anterior. Outros sujeitos revelam ou ódio similar ou medo da pessoa que, segundo dizem, os assassinou na vida pregressa. Bongkuch Promsin, caso que examinarei mais a fundo no Capítulo 8, declarou que iria matar os assassinos da personalidade anterior quando crescesse, mas felizmente essas ameaças foram sendo esquecidas com o passar do tempo. Maung Aye Kyaw, o rapaz que desposou a viúva de sua personalidade anterior, atirou pedras em um dos homens que o teriam matado na vida passada e outros sujeitos já fizeram coisa semelhante com os assassinos ou pretensos assassinos de suas personalidades anteriores.

Experiências de Medo da Morte

Muitos sujeitos apresentam um quadro de fobia associada ao tipo de morte da personalidade anterior. Nos casos em que esta morreu por meios violentos, mais de 35% dos sujeitos revelam medos relacionados à vida passada. Isso é bastante comum em episódios de afogamento (31 em 53 casos). Talvez essa elevada freqüência se deva ao fato de as vítimas de afogamento levarem mais tempo para morrer do que as pessoas que sucumbem em acidentes de carro ou tiroteios.

Essas fobias às vezes se manifestam quando as crianças são muito pequenas. Shamlinie Prema, que mencionei no Capítulo 1, desde pequenina ficava apavorada quando a mergulhavam na água. Eram necessárias três pessoas para dar-lhe banho. Já aos seis meses de idade, ela mostrava também verdadeiro pavor de ônibus. Quando aprendeu a falar, relatou lembranças da vida de uma menina na aldeia vizinha de Galtudawa — com efeito, as suas primeiras palavras foram “Mãe Galtudawa”. A garota dessa aldeia tinha onze anos quando morreu, um ano e meio antes do nascimento de Shamlinie. Estava caminhando por uma rodovia quando um ônibus surgiu em disparada; ao tentar desviar-se, ela havia caído num pântano ao lado da estrada e se afogou.

Shamlinie só começou a perder o medo de água aos três anos e, aos quatro, já não o sentia mais. O pavor de ônibus ainda subsistiu por algum tempo, até cerca dos cinco anos e meio, época em que parou de falar espontaneamente sobre a vida pregressa. O comportamento de Shamlinie era semelhante ao de Sujith Jayaratne, o menino do capítulo anterior que tinha medo de caminhões e mesmo da palavra *lorry*, antes de completar um ano e antes de relatar detalhes da vida de um homem atropelado por um desses veículos.

Em geral, à medida que as crianças crescem, as fobias tendem a diminuir juntamente com a freqüência de alusões à vida passada. Existem exceções nas quais crianças mais velhas continuam a dar mostras de medo, embora aparentemente já não se lembrem dos fatos da vida pregressa que pareciam associados a ele.

Gostos Não-Adquiridos

Sujith Jayaratne exibia outro comportamento inusitado que encontramos em alguns desses casos: o interesse por substâncias tóxicas que a personalidade anterior consumia. Sujith gostava de ingerir álcool e fumar cigarros, como bom número de outros sujeitos. Posto que o fato não seja comum, 34 entre 1.100 crianças revelavam uma estranha tendência ao tabagismo e ao alcoolismo, o que condizia com os gostos da personalidade anterior.

Algumas crianças exibem preferências e hábitos alimentares exóticos, o que pode ser problemático quando, na Índia, elas relatam lembranças de vidas em castas superiores à atual. Jasbir Singh, um menino indiano, relatou fatos da vida de um brâmane, de casta bem mais elevada que a de sua família. Recusava-se a ingerir os alimentos servidos em casa e um compreensivo brâmane das vizinhanças concordou em preparar para ele comidas à maneira "bramânica". Isso durou mais de um ano e meio, até o menino por fim passar a aceitar os pratos preparados pela família.

Em alguns casos, o sujeito pode ser o único membro da família a apreciar um alimento pelo qual a personalidade anterior revelava acentuada preferência. Isso é especialmente notório nos casos internacionais. O Dr. Stevenson coletou, afora alguns acréscimos recentes do Dr. Keil, 24 casos de crianças birmanesas que se diziam soldados japoneses mortos na Birmânia durante a Segunda Guerra Mundial. Nenhuma forneceu detalhes específicos capazes de identificar uma personalidade anterior no Japão, mas o comportamento delas era às vezes bizarro, incluindo preferências alimentares. Algumas dessas crianças se queixavam da comida apimentada do país, preferindo doces e peixe cru ou malcozido.

O caso de Ma Tin Aung Myo, nascida em 1953, é um bom exemplo. Durante a gravidez, sua mãe sonhou três vezes que um cozinheiro do exército japonês, que ela havia conhecido durante a ocupação militar da Birmânia, seguia-a dizendo querer vir e ficar com a sua família. Aos quatro anos de idade, Ma Tin Aung Myo passeava certa feita com o pai quando se mostrou extremamente perturbada ao avistar um avião cruzando os céus. Depois disso, chorava toda vez que via um aeroplano — comportamento que exibiu durante anos. Dizia temer que os aviões a alvejassem. Por essa época, começou a declarar que sentia saudades do Japão e a contar que tinha sido um soldado japonês morto por tiros de metralhadora disparados de um caça em vôo rasante, quando se achava na aldeia da família.

Além da fobia por aviões e da saudade do Japão, Ma Tin Aung Myo queixava-se do clima quente da Birmânia. Também não gostava das comidas muito temperadas do país e preferia petiscos açucarados; e quando pequena, apreciava peixe, sobretudo semicru. Empregava palavras que a família não compreendia, mas, como ninguém por ali sabia japonês, não temos meio de determinar se seriam palavras dessa língua.

Ma Tin Aung Myo só não apresentava um dos traços que as crianças de muitos desses casos birmaneses-japoneses costumavam mostrar: a grande relutância em vestir os tradicionais trajes do país. Ali, homens e mulheres em geral usavam *longyis*, roupa semelhante a uma túnica que desce até os tornozelos, com camisas ou blusas; mas várias crianças insistiam em vestir calças, como o fariam homens japoneses.

Os casos das crianças birmanesas que alegam ter sido soldados japoneses em outra existência lembram o de Carl Edon, até agora não-solucionado, um garoto britânico que parecia lembrar-se da vida de um piloto alemão da Segunda Guerra Mundial. Nascido em 1972, logo aos dois anos começou a dizer: "Espatifei um avião contra uma janela." Aos poucos foi acrescentando detalhes sobre ter estado numa missão de bombardeio contra a Inglaterra quando sucumbiu. Ao se tornar capaz de desenhar, pôs-se a esboçar suásticas e águias, e mais tarde o painel de uma cabine de avião. Imitava também a saudação nazista e a marcha em passo de ganso da infantaria alemã. Afirmou desejar viver na Alemanha. E, ao contrário do resto da família, gostava de salsichas e sopas cremosas.

Afora comportamentos que indicam diferenças de nacionalidade, alguns casos revelam distinções de classe ou casta. Já mencionei Jasbir Singh, que se recusava a ingerir alimentos não-bramânicos. Ele costumava ainda dar a certos objetos nomes empregados geralmente por membros de classes mais elevadas. À medida que crescia, continuou a julgar-se brâmane. Já adulto, enfrentou dificuldades para obter empregos que considerava à sua altura. Algumas crianças exibiram igualmente comportamentos no sentido oposto. Swaran Lata, menina nascida numa família de brâmanes, dizia-se varredora de ruas e limpadora de latrinas. Costumava apresentar-se suja e recolhia as fezes das crianças menores. Quando criança, não queria ir à escola, alegando: "Somos varredores. Ninguém em nossa família estuda e eu própria nunca mandei os meus filhos à escola."

A Importância das Brincadeiras

Uma área de destaque, nesses casos, são as brincadeiras das crianças. No Capítulo 1, citei Parmod Sharma, o garoto que brincava de ser vendedor de biscoitos com tanta persistência que acabou prejudicando o seu rendimento escolar. Esse faz-de-conta é comum, com pelo menos um quarto dos sujeitos revelando em suas brincadeiras temas que parecem associados à vida pregressa. Isso envolve, não raro, imitações da profissão da personalidade anterior, como no caso de Parmod, mas outras formas ocorrem igualmente. Falei de Sukla Gupta, que embalava um pedaço de madeira ou um travesseiro e o chamava de "Minu", nome da filha da personalidade anterior.

Algumas crianças dramatizam o modo como a personalidade anterior morreu. Maung Myint Soe, um menino de Myanmar que relatava lembranças de um homem afogado durante uma travessia de balsa, de vez em quando representava uma cena na qual fingia tentar escapar de um barco que afundava. Ramez Shams, do Líbano, imitava freqüentemente o suicídio da personalidade anterior colocando sob o queixo a ponta de um bastão, dizendo tratar-se de uma espingarda. Tais brincadeiras são raras em nossos casos, mas quando estão presentes lembram muito as brincadeiras das crianças que sobreviveram a eventos intensamente traumáticos nesta existência. Crianças assim podem exibir comportamentos conhecidos como "brincadeiras pós-traumáticas", nas quais reproduzem a cena com bonecas e outros objetos.

Se os nossos sujeitos constituem de fato casos de reencarnação, então as brincadeiras, juntamente com as fobias que alguns deles revelam frente ao tipo de morte da personalidade anterior, sugerem que o trauma emocional de uma morte violenta pode passar de uma vida a outra. Embora, até certo ponto, isso não surpreenda e seja consistente com marcas de nascença oriundas de ferimentos fatais na vida pregressa, a idéia de que quem sofre morte violenta encontra dificuldades para esquecer o trauma é assustadora.

Mudança de Sexo

Nos casos de mudança de sexo, em que a criança alega recordar a vida de um membro do sexo oposto, temos observado comportamentos intersexuais. Em uma sucessão de casos de mudança de sexo, em 21 entre 34 casos (62%), notou-se comportamento mais apropriado ao outro sexo. Os exemplos incluem Kloy Matwiset, o garoto do Capítulo 4 que nasceu com uma marca na nuca muito semelhante à marca experimental feita no corpo de sua avó. Ele exibia uma série de comportamentos intersexuais, chegando a dizer que gostaria de ser menina, e sentar-se para urinar e a usar freqüentemente os batons, brincos e vestidos da mãe.

O outro caso de mudança de sexo que descrevi é o de Ma Tin Aung Myo, a garota birmanesa que relatava lembranças da vida de um soldado japonês morto na Birmânia durante a Segunda Guerra Mundial. Ela também parecia identificar-se muito com os homens. Ainda pequena, brincava com meninos e gostava, em especial, de fingir-se de soldado. Afirmava querer alistar-se e pedia que os pais lhe comprassem armas de brinquedo. Insistia, além disso, em vestir roupas de menino e isso gerou problemas quando a direção da escola exigiu que ela comparecesse às aulas vestida com trajes femininos. Ela recusou e saiu da escola aos onze anos de idade. Já adulta, continuava a identificar-se com os homens e gostava que as pessoas se dirigissem a ela usando um título honorífico masculino. O Dr. Stevenson viu sua família pela última vez quando a jovem estava com 27 anos. Àquela altura, ela morava com uma namorada firme em outra cidade. A família contou que Ma ainda falava em alistar-se no exército e continuava vestindo-se como homem.

Antes de examinar o que pode induzir esse comportamento intersexual, precisamos atentar para as modernas idéias sobre distúrbios de identidade de gênero. É um problema no qual as crianças se identificam com o sexo oposto e sentem-se pouco à vontade com o seu próprio. Embora muita pesquisa tenha sido feita nesse campo, a sua causa é em sua maioria desconhecida. Pensa-se que inúmeros fatores biológicos e psicológicos interagem durante um período crítico para produzir o distúrbio. Alguns pesquisadores julgam que os hormônios sexuais durante a gravidez estejam envolvidos, mas poucos indícios diretos sustentam essa tese.

Boa parte da pesquisa feita sobre distúrbios de identidade de gênero enfocou meninos. Embora raro entre todas as crianças, tais distúrbios atingem mais meninos que meninas. Nessa pesquisa, não existe nenhuma evidência clara de que mães de garotos afetados queiram dar à luz meninas; mas, em certos casos, o seu desapontamento ao ver nascer-lhes meninos pode afetar a maneira com que se relacionam com os filhos. Outros fatores possivelmente associados incluem problemas psicológicos dos pais, medo, em muitas das crianças, de separar-se da família e conflitos psicológicos como relacionamento pai-filho distante ou a certeza, por parte da mãe, de que as meninas são mais companheiras que os meninos.

No caso de Kloy, os pais concluíram que ele era a sua própria avó renascida por causa da marca no pescoço e podemos nos indagar se, inconscientemente, eles não fomentaram o comportamento feminino em virtude disso, embora garantissem que não conversavam sobre a vida pregressa e desencorajavam aquelas atitudes intersexuais. O mesmo ocorreu com Ma Tin Aung Myo. O fato de a mãe sonhar com o soldado japonês pode pelo menos ter suscitado a possibilidade, em sua mente, de que ele renasceria como seu filho, mas ela nunca encorajou conscientemente Ma Tin Aung Myo a desejar ser um menino.

Não está claro se os anseios ou expectativas da mãe podem exercer alguma influência sobre a subseqüente identidade de gênero do filho. Relataram-se recentemente casos nos quais meninos foram criados como meninas depois de, em acidentes, perderem o pênis. Num desses casos, o paciente desenvolveu mesmo a identidade de gênero feminina, mas teve também uma história de infância como "machona" e revelou orientação bissexual, sentindo-se mais atraído por mulheres. Nos outros, os pacientes desenvolveram identidade de gênero masculina a despeito de todos os esforços dos pais para criá-los como meninas; portanto, temos poucos motivos para concluir que os pais, em casos desse tipo, talvez tenham em conseqüência de suas crenças em outra vida interagido inconscientemente com os filhos de modo a provocar o distúrbio de identidade de gênero.

O caso de Erin Jackson, uma americana cujos pais protestantes não acreditavam em reencarnação antes do episódio, é um excelente exemplo. Quando ela tinha três anos, disse ter sido um menino e descreveu uma existência onde apareciam uma madrasta e um irmão, James, que só gostava de se vestir de preto. Não deu detalhes diretos sobre quando tinha ocorrido essa existência, mas parecia estar lembrando fatos de um passado distante porque dizia coisas como: "O mundo era bem melhor quando havia cavalos. Esses carros são uma droga. Acabaram com tudo."

Erin afirmava de vez em quando que gostaria de ser um menino e, pequena ainda, insistia em vestir-se como tal. Semelhante gosto estendia-se aos trajes de banho. Como ela só queria usar a parte inferior de um maiô de duas peças, a mãe passou a comprar-lhe apenas calções. Um pouco mais velha, usava vestidos no máximo umas três vezes por ano, e mesmo assim só quando não tinham fitas ou babados.

Podemos considerar diversas possibilidades para explicar, em nossos casos, o comportamento intersexual. Uma é que semelhante comportamento e as alusões a uma vida passada ocorrem concomitantemente por mera coincidência. Contra isso se levantam dezenas de casos envolvendo a combinação de um distúrbio de identidade de gênero, que é raro, e declarações da pessoa de que foi membro do sexo oposto. Com tantos casos à mão, temos de concluir que as duas coisas estão associadas.

Talvez gostássemos de supor que o comportamento intersexual exibido por Kloy Matwiset e Ma Tin Aung Myo deveu-se ao fato de os pais pensarem que eles eram a reencarnação de membros do sexo oposto; isso, porém, não será possível no caso de Erin. Os seus pais não achavam que ela fosse a reencarnação de ninguém; e as suas alegações de ter sido menino, fornecidas em conjunção com as suas atitudes masculinas, naturalmente foram recebidas com enorme surpresa. Podemos concluir aqui que o desejo de ser menino surgiu antes e, mais tarde, ela lhe acrescentou a fantasia de tê-lo sido em vida pregressa. Essa explicação para os casos — de que o distúrbio de identidade de gênero leva a declarações sobre uma vida passada — não se aplica ao de Kloy porque os seus pais pensavam que o filho era a reencarnação da avó antes mesmo de ele ter qualquer identidade de gênero. Ficamos, pois, numa enrascada quando procuramos uma explicação normal. No caso de Erin, podemos atribuir aos desejos intersexuais o surgimento das crenças em uma vida passada; no de Kloy, porém, diríamos antes que as crenças em uma vida passada conduziram ao comportamento intersexual.

Ora, se a conexão entre comportamento intersexual e crença de ter sido um membro do sexo oposto em outra vida pode ocorrer em qualquer ordem, uma coisa nem sempre provoca a outra. Então, como explicar o comportamento? A explicação normal definitiva seria que as famílias exageraram a extensão das atitudes intersexuais em virtude de sua crença em que a criança tinha sido membro do sexo oposto numa vida passada. Isso parece bastante insatisfatório em casos extremos como o de Ma Tin Aung Myo, a qual disse certa vez ao Dr. Stevenson e seu intérprete que poderiam matá-la por quaisquer meios, desde que garantissem que ela renasceria como homem. O Dr. Stevenson explicou-lhe que eles não desejavam fazer a primeira coisa e não tinham poder algum para implementar a segunda.

Gêmeos que se Lembram

Sujeitos que são gêmeos idênticos oferecem uma contribuição única para a nossa compreensão do comportamento dessas crianças. No Capítulo 4, falei de Indika Ishwara, um gêmeo idêntico do Sri Lanka que descreveu a vida de um garoto morto de encefalite aos dez anos de idade. O irmão de Indika, Kakshappa, também alegava lembrar-se de outra vida. Falou a respeito antes mesmo de Indika, dizendo que a polícia tinha atirado nele. Com base em outras declarações que fez, a família concluiu que ele se referia à vida de um rebelde morto durante um motim no Sri Lanka, em 1971. Todos riram de suas declarações e ele logo parou de fazê-las.

Os gêmeos mostravam algumas diferenças de temperamento e comportamento. Indika, que se lembrava da vida de um escolar, parecia mais calmo e gentil, enquanto Kakshappa, que recordava a vida de um insurgente, alardeava valentia, hostilidade e agressividade. Indika era religioso quando pequeno, como foi a sua personalidade anterior, mas Kakshappa, não. Indika, mais inteligente, interessava-se pelos trabalhos escolares e obtinha sucesso; Kakshappa ia mal nos estudos. Os traços de Indika até mesmo lembravam os do garoto cuja vida ele parecia se lembrar. Os pais dos gêmeos notaram que as suas diferenças de personalidade diminuíam com o passar do tempo.

Como explicar as diferenças que eles ostentavam inicialmente? As suas declarações sobre vidas passadas, ao que tudo indica, vieram muito tarde para induzir os pais a influenciá-los de modo a produzir tais diferenças. À medida que crescem, alguns gêmeos passam a cultivar interesses discrepantes que enfatizam a sua personalidade própria. Neste caso, o fato de as diferenças começarem cedo e diminuírem com o tempo é mais consistente com um fator inato do que com um fator ambiental; todavia, não podemos recorrer a essa explicação normal de diferenças inatas porque os garotos são gêmeos idênticos. Se as diferenças presentes no início fossem devidas a transmissões de vidas passadas, então a circunstância de diminuírem sugere, ou que o efeito daquelas vidas se dissipou naturalmente com o tempo, ou que as experiências da vida atual foram influenciando cada vez mais os meninos.

O Caso dos Gêmeos Pollock

Gillian e Jennifer Pollock nasceram no ano de 1958 em Hexham, Northumberland, Inglaterra. Elas constituem outro caso interessante de gêmeos idênticos. As suas irmãs mais velhas, Joanna e Jacqueline, haviam falecido um ano e meio antes do nascimento das gêmeas, atropeladas por um carro quando a caminho da igreja. Logo que a mãe engravidou novamente, o pai, que ao contrário dela acreditava em reencarnação, declarou com a máxima confiança que as garotas mortas renasceriam como gêmeas, apesar da explicação do médico de que só havia um feto.

Quando as gêmeas nasceram, os pais notaram duas marcas de nascença em Jennifer, a mais nova das recém-nascidas, que lembravam duas marcas existentes em Jacqueline, a mais nova das garotas mortas. Uma se parecia muito com um sinal que Jacqueline tinha no quadril e outra com uma cicatriz que a menina recebeu ao cair numa tina e cortar a testa. Gillian, a mais velha das gêmeas, não apresentava nenhuma marca.

A família se mudou de Hexham quando as garotinhas estavam com nove meses. Aos três anos, elas começaram a falar de suas irmãs mais velhas. A mãe, em particular, ouviu-as várias vezes discutir detalhes do acidente em que aquelas haviam morrido. Além disso, os pais haviam guardado os brinquedos das duas, logo depois do seu falecimento, mas depois tiraram fora duas bonecas. Ao vê-las, Gillian reivindicou a que havia pertencido a Joanna, a irmã mais velha, e Jennifer reivindicou a de Jacqueline. Disseram que Papai Noel lhes havia dado as bonecas — e, de fato, as irmãs mais velhas as haviam ganhado como presentes de Natal. Além do mais, quando Gillian viu um espremedor de roupas de brinquedo que tinha sido um presente de Natal para Joanna, gritou: "Olhe! Lá está o meu espremedor", e informou que Papai Noel tinha dado para ela também.

Certa vez, Gillian apontou para a marca de nascença na testa de Jennifer e disse: "Este é o ferimento que Jennifer ganhou quando caiu na tina." Embora nenhum acidente fosse responsável pela marca de Jennifer, Jacqueline realmente tinha caído, como vimos, numa tina e o ferimento lhe produzira uma cicatriz permanente. Uma outra vez, o pai estava pintando com um guarda-pó que a mãe costumava usar quando as garotas mais velhas eram vivas. Jennifer observou-o e perguntou: "Por que você está usando o casaco da mamãe?" O pai perguntou-lhe como sabia que aquilo pertencia à mãe e ela respondeu prontamente que a mãe o usava para amamentá-las.

Quando as gêmeas tinham quatro anos de idade, a família visitou Hexham pela primeira vez desde que haviam se mudado de lá. Caminhando por uma estradinha perto do parque onde as meninas falecidas costumavam brincar, as gêmeas disseram que queriam atravessar a pista e ir até os balanços do parque. Nem os balanços, nem mesmo o parque, eram visíveis do lugar onde estava a família.

Afora as marcas de nascença de Jennifer e as declarações das gêmeas, estas também exibiam comportamentos consistentes com as vidas das irmãs mais velhas. Gillian tendia a "embalar" Jennifer, que aceitava a sua liderança, tal qual Joana costumava fazer com Jacqueline, cinco anos mais nova. Além disso, quando as gêmeas começaram a aprender a escrever, com mais ou menos quatro anos e meio, Gillian prontamente segurou o lápis entre o polegar e os outros dedos, enquanto Jacqueline empunhava-o. Jacqueline, que tinha seis anos ao morrer, persistia em segurar o lápis dessa maneira apesar dos melhores esforços da professora para corrigi-la. Jennifer por fim aprendeu a manusear corretamente o lápis, aos sete anos, mas às vezes reincidia no antigo hábito, mesmo na idade adulta. Uma vez que ela e Gillian eram gêmeas idênticas, vivendo no mesmo ambiente, essa diferença é intrigante.

O ponto fraco óbvio desse caso é a convicção do pai, antes mesmo do nascimento das gêmeas, de que elas eram a reencarnação das irmãs. Isso pode ter reforçado em sua mente as conexões que pensava ter descoberto e até a propensão das gêmeas a falar sobre as irmãs, embora não tenha causado, é óbvio, as marcas de nascença de Jennifer. As gêmeas pararam de falar sobre as irmãs aos sete anos de idade. A mãe, que antes não acreditava em reencarnação, ficou convencida por suas declarações, marcas de nascença e atitudes de que elas eram as filhas mortas renascidas, compartilhando assim a crença que o marido havia externado quando as gêmeas ainda estavam em seu ventre.

Explicar as diferenças de comportamento em nossas gêmeas idênticas é um desafio digno de nota. Os dois casos que apresentei mostram não apenas que as gêmeas idênticas exibiam tais diferenças como essas diferenças condizem à perfeição com as vidas anteriores descritas pelas crianças. Esses casos de gêmeos levantam a questão do que contribui para moldar a personalidade. De um modo geral, os cientistas presumem que as diferenças individuais, sejam de que tipo forem, devem-se a fatores genéticos ou ambientais. No desenvolvimento da criança, o grau de influência da genética em contraposição ao ambiente é controverso, mas o temperamento pode ser um conceito útil entre os fatores biológicos que contribuem para as discrepâncias de personalidade. Temperamento é a maneira como as pessoas se comportam, em oposição ao porquê de se comportarem assim, à sua motivação ou àquilo que fazem — pois isso é habilidade. Fatores biológicos como o temperamento mesclam-se aos fatores ambientais para engendrar as inúmeras diferenças de personalidade nas pessoas. O temperamento revelado no começo da infância tende a ser estável; mas, à medida que a criança cresce, ele pode mudar em muitas de suas características.

Quando consideramos gêmeos idênticos, vemo-nos às voltas com duas individualidades que têm a mesma constituição genética. Tal qual esperado, gêmeos idênticos apresentam grande semelhança de temperamento, bem mais que gêmeos fraternos, mas a semelhança não é de 100%. Como o temperamento é tido por uma dimensão biológica, as diferenças nos gêmeos idênticos tornam-se difíceis de explicar porque a sua constituição genética é a mesma.

A fim de explicar diferenças de personalidade em gêmeos idênticos, precisamos levar em conta os fatores ambientais. A maioria dos gêmeos vive no mesmo ambiente geral, mas é possível que os pais respondam de modo diverso a cada um, provocando assim as diferenças. Além disso, tais casos sugerem que, juntamente com a hereditariedade e o ambiente, devemos considerar a idéia de as discrepâncias serem causadas por aquilo que a consciência traz para uma nova vida.

Conseqüências Emocionais

Os vários comportamentos citados neste capítulo dão amparo à tese da reencarnação e revelam que algo mais que lembranças pode sobreviver passando de uma existência a outra. Emoções, apegos, medos, vícios, gostos e aversões, ou mesmo identificação com um país ou sexo em particular, podem transitar de uma vida para outra. Se há reencarnação, as emoções sobrevivem tanto quanto as lembranças.

As emoções não persistem necessariamente ao longo da vida atual. Os comportamentos às vezes ultrapassam o ponto em que as crianças param de falar sobre a existência anterior, mas quase sempre se desvanecem com o tempo. Muitos dos sujeitos de casos de intersexualidade acabam por assumir a identidade de gênero consistente com o seu sexo anatômico. Ma Tin Aung Myo, que quando adulta continuou a insistir na identidade masculina, é uma exceção. Temos inúmeros casos nos quais nem as emoções nem os comportamentos desapareceram, mas, dados os conflitos que podem ocorrer em semelhante situação, deixar os sujeitos em paz talvez seja a melhor coisa a fazer.

Nesses termos, o caso de Kendra deve servir de advertência, visto que mostra a dificuldade que pode surgir da alegação de recordações, e prova que falar de uma vida pregressa não é nada divertido para as crianças envolvidas. Kendra ficou muito apegada à sua instrutora Ginger e sentiu-se arrasada quando o relacionamento terminou. Foi bem melhor para ela não alimentar a crença de que tinha estado no ventre de Ginger. O Dr. Stevenson escreveu sobre o sofrimento das crianças em vários outros casos. Diz ele que as crianças sofrem tremendamente porque se vêem separadas das famílias por quem sentem tamanho apego. Os pais, de igual forma, têm de lidar com um filho que por vários modos os está rejeitando. Numa nota um pouco mais otimista, o Dr. Stevenson afirma que posteriormente podem surgir benefícios das lembranças aparentes, pois vários sujeitos confessaram ter usado os antigos equívocos para melhorar o comportamento na vida atual. Cita Bishen Chand Kapoor, que mencionei no Capítulo 3, cuja personalidade anterior havia assassinado um homem ao vê-lo sair do apartamento de uma prostituta que julgava reservada para si. Bishen Chand afirmou que refletir sobre os aspectos negativos de sua vida pregressa ajudou-o a tornar-se uma pessoa melhor.

Outros se mostram desapegados dos problemas da vida atual e sem medo nenhum da morte. Marta Lorenz, menina brasileira que fez inúmeras declarações a respeito da vida de uma amiga da mãe, amargou a morte de uma irmã, Emília. Quando, durante uma tempestade, outra irmã sua se queixou de que Emília ficaria molhada no túmulo, Marta replicou: "Emília não está lá no cemitério. Está num lugar mais seguro e melhor do que este em que vivemos. A alma dela nunca poderá ficar molhada." De igual modo, quando uma amiga da família, lamentando a morte do pai, gemeu que os mortos nunca voltam, Marta respondeu: "Não diga isso. Eu também morri e, veja, estou viva de novo!"

O Dr. Stevenson escreveu também sobre o alívio que sobrevém quando a criança encontra pela primeira vez a família da personalidade anterior. As crianças, muitas vezes, parecem mais capacitadas a integrar as lembranças da vida pregressa às circunstâncias atuais depois do encontro, e a intensidade de suas emoções quanto à vida passada freqüentemente diminui. O caso de Kendra ressalta que os relacionamentos das pessoas nesta vida são diferentes dos que mantiveram na outra. Mesmo aceitando que a sua consciência era parte do feto abortado de Ginger, isso não significa que, atualmente, sejam mãe e filha. Sem dúvida não o são — mas Kendra ficava confusa com isso. Falava em ter duas mães e passava boa parte do tempo com Ginger. Em situação semelhante, a criança precisa entender que os relacionamentos da vida passada ficaram no passado e não vigoram mais no presente. Às vezes, o encontro com a antiga família parece facilitar essa compreensão.

De certa maneira, os pais asiáticos talvez levem mais vantagem nessas circunstâncias que os ocidentais. Nos casos da Ásia, os pais geralmente acatam as pretensões dos filhos a uma vida pregressa, ainda quando insistam com eles para que se calem a respeito. Conseguem enfrentar os problemas emocionais diretamente e dizer aos filhos que, embora eles tenham tido pais diferentes no passado, hoje têm outros. Já no Ocidente, os pais costumam ficar confusos ante as declarações dos filhos e não sabem o que responder. Ora ignoram as declarações, ora afirmam que os filhos estão mentindo ou fingindo. Nenhuma dessas respostas satisfaz a criança, nenhuma veicula a mesma mensagem que os pais asiáticos quase sempre transmitem. A mãe de Kendra acabou aceitando que o espírito da menina talvez tivesse habitado o feto de Ginger; mas, infelizmente, Kendra não parecia capaz de deixar de vez aquele relacionamento no passado.

Muitos dos sujeitos asiáticos também têm dificuldade para esquecer o passado, mas de um modo geral parecem mais capazes disso depois de conhecer a família da personalidade anterior. O encontro confirma as suas recordações e, no entanto, as crianças entendem que continuarão a viver com os seus pais atuais. A afirmação definitiva de que o passado está no passado pode ser útil; mas costuma ser uma afirmação difícil para pais ocidentais quando eles não aceitam a possibilidade, como a mãe de Kendra aceitou, de que as declarações dos filhos sobre uma vida pregressa são verdadeiras.

Exame das Explicações

Atinar com uma explicação normal para esses comportamentos é difícil. Em alguns casos, preferimos recorrer à explicação da fantasia e sustentar que as atitudes da criança provêm de sua falsa identificação com uma personalidade anterior. De onde, para começar, provém essa fantasia? Podemos atribuir a fatores culturais os casos da Ásia, mas dificilmente faríamos isso em se tratando de Kendra Carter, cuja mãe repugnava a idéia de reencarnação. Do mesmo modo Erin Jackson, que revelava comportamento intersexual, tinha pais protestantes que não acreditavam em reencarnação quando os sintomas dele começaram a manifestar-se. Além disso, ocorre-nos alguma explicação razoável para o que levaria crianças birmanesas a identificar-se com soldados japoneses ou um menino inglês a dizer-se um piloto alemão, como fez Carl Edon?

No que se refere especificamente às emoções, gostaríamos de supor que as exibidas pelas crianças quando entram em contato com familiares da personalidade anterior resultam do fato de elas fantasiarem esse parentesco. A idéia parece menos provável quando constatamos a saudade que algumas crianças sentem antes mesmo de conhecer a outra família.

Um caso como o de Sukla Gupta, que embalava objetos aos quais dava o nome de "Minu" antes de fornecer outros detalhes responsáveis pela identificação de uma personalidade anterior que teve uma filha chamada Minu, distende a idéia até o limite máximo. Por que ela desenvolveu tamanho afeto por Minu antes de alguém localizar a antiga família? Cabe concluir que tudo não passou de uma curiosa coincidência, que Sukla de algum modo captou numerosos pormenores sobre a vida de uma mulher morta em outra aldeia seis anos antes de ela nascer ou que a família se equivocou dizendo lembrar-se de vê-la embalando "Minu". Independentemente de escolhermos esta ou aquela hipótese, ainda teremos de explicar o forte apego que Sukla demonstrou para com a Minu real depois de se conhecerem. Podemos realmente concluir que emoção tão intensa foi mero fruto de uma fantasia infantil?

A mesma pergunta surge quando examinamos o caso de Kendra. Podemos entender que uma garotinha fique apegada à sua instrutora de natação, mas esse apego foi tão imediato, tão profundo que seria classificado de bizarro em quaisquer circunstâncias. E a isso temos de acrescentar que a menina, cuja mãe e crença religiosa tinham aversão ao conceito de reencarnação, julgou ter sido o feto abortado da instrutora. No seu caso, de vez que o apego parece ter-se manifestado simultaneamente às evocações de uma vida passada, ou pouco antes, não podemos em sã consciência concluir que se deveu a uma fantasia de reencarnação. Diríamos então o inverso — que a fantasia da reencarnação originou-se do imenso afeto que ela alimentava — quando sabemos que ninguém à sua volta acreditava nesse fenômeno? Ainda que o fizéssemos, isso significaria que em alguns casos atribuímos à fantasia a origem do apego, com Sukla sendo um exemplo, e em outros supomos que, como sucedeu a Kendra, o apego induziu à fantasia.

Para complicar ambos os quadros temos a profundidade das emoções que algumas crianças não escondem. Uma menina como Kendra, que deixou de falar por quatro meses depois de a sua pretensa mãe anterior ter rompido contato, não está empenhada numa brincadeira infantil de faz-de-conta. Exemplos parecidos não faltam, como o de Ekkaphong, que tentou estrangular o homem que o teria assassinado numa existência prévia, e certamente o de Sukla, que chorava ao saber que Minu estava doente. Além disso, em alguns casos de confusão de sexos, as atitudes intersexuais persistem na maturidade e dificilmente poderiam ser consideradas parte de um fantasioso joguinho infantil.

Vejamos agora as fobias. Shamlinie Prema e Sujith Jayaratne evidenciaram fobias quando bebês. O terrível medo que Shamlinie mostrava de ver-se mergulhada em água já em tenra idade decerto que não poderia originar-se de uma fantasia a respeito da vida pregressa. Aqui, gostaríamos de adotar a tese da memória precária, sustentando que depois de ouvir as crianças falar sobre vidas passadas, os pais lhes atribuíram atitudes antigas bem mais extremas do que de fato foram. O mesmo se diga do interesse precoce por substâncias tóxicas e os hábitos alimentares inusitados que alguns pais relatam a propósito dos filhos. O caso de Jasbir Singh refuta essa possibilidade, porquanto não seria razoável afirmar que os pais exageraram a sua recusa de comer os alimentos da casa após terem de recorrer a um vizinho brâmane que, por um ano e meio, preparou pratos especiais para a criança. Acima de tudo, dispomos de testemunhas e casos suficientes de persistência de atitudes para sustentar que, em definitivo, algumas crianças exibem comportamentos ligados ao menos na aparência a lembranças da vida pregressa que alegam ter levado.

Dá-se o mesmo com os esforços para explicar as atitudes que as crianças freqüentemente revelam nesses casos. Podemos atribuir uma explicação normal para cada caso em particular, ainda que às vezes ela pareça um tanto forçada — mas as explicações não se sustentam quando contemplamos o conjunto dos fenômenos. Em certos casos, as declarações sobre a vida passada vêm primeiro, em outros o que de início aparece são os comportamentos. Se estes já são freqüentemente estranhos a ponto de tornar difícil uma explicação normal, conceber uma tese única que dê conta de ambas as situações e forneça uma interpretação geral dos fenômenos é absolutamente impossível: a explicação para um grupo de casos opõe-se à explicação para outro.

No que se refere às explicações paranormais, a PES não é boa opção para esses casos. Ela só funcionará se dissermos que, quando as crianças adquirem o conhecimento por seu intermédio, imaginam estar vivenciando lembranças. Essa impressão equivocada obriga-as em seguida a desenvolver certas emoções e comportamentos. É forçar demais, convenhamos; mas, pior ainda, alguns comportamentos como as fobias às vezes se manifestam muito antes de as crianças começarem a falar sobre vidas passadas. Talvez nos fosse possível alegar que as crianças adquirem conhecimento de vidas anteriores quando muito novas; parece estranho, mas é pelo menos concebível.

A possessão talvez explique melhor que a PES o fenômeno das emoções e comportamentos. Se a consciência anterior tomou posse do corpo da criança, bem poderemos esperar que essa criança apresente tais características. A fraqueza do raciocínio é que teríamos de dizer que a possessão ocorreu quase no instante do nascimento, uma vez que os traços comportamentais começam a aparecer já em tenra idade. Portanto, seria forçado justificar a possessão como uma melhor explicação do que a reencarnação.

Ora, a própria reencarnação fornece uma justificativa para as emoções e comportamentos. Com efeito, estes mostram que, se a reencarnação é a explicação para os casos, ela envolve necessariamente algo além das lembranças. Abrange uma continuidade mais completa a partir da vida pregressa, pois ligações emocionais, medos, gostos e aversões são parte integrante da consciência que transita para uma nova vida.

Essas características comportamentais mostram que as alegações de uma vida passada por parte de crianças são muito importantes para elas. Quem insinuar que isso é apenas um jogo pueril de faz-de-conta ou algo que as crianças dizem para satisfazer a crença dos pais na reencarnação deve ter em mente o caso de Kendra, a americanazinha incapaz de falar durante meses depois de se sentir rejeitada pela mulher que recordava como sua mãe.

CAPÍTULO 7

Reconhecimento de Rostos Familiares

Sam Taylor é um garoto de Vermont nascido um ano e meio após a morte do seu avô paterno. Quando tinha um ano e meio, enquanto o pai estava trocando suas fraldas, Sam disse: "Na sua idade, eu também trocava as suas fraldas." A mãe percebeu o olhar estranho do marido quando este saiu do quarto com o garoto e ambos discutiram o comentário, achando-o bastante estranho. Nenhum deles até a época havia pensado muito em reencarnação. Embora a mãe de Sam fosse filha de um ministro batista do Sul, a família não era religiosa.

Após esse incidente, Sam começou aos poucos a dizer que tinha sido o seu avô, acrescentando certa vez: "Eu era grande e agora sou pequeno." Embora o pai, no começo, se mostrasse cético quanto a essa possibilidade, a mãe aceitava melhor a idéia e passou a questionar a criança sobre a vida do falecido. Numa ocasião, ela e Sam conversavam a respeito do fato de a avó ter cuidado do avô antes da morte deste. Ela lhe perguntou o que a avó dava para o avô beber todos os dias e o menino respondeu corretamente que a avó preparava *milkshakes* numa máquina na cozinha. Levantou-se para mostrar-lhe o processador de alimentos sobre o balcão da cozinha. A mãe mostrou-lhe então o liquidificador na despensa e perguntou se não era naquele aparelho que a avó preparava os *milkshakes*; o menino respondeu que não e apontou de novo o processador. E era verdade. A avó sofrera uma série de ataques cardíacos depois da morte do marido e Sam nunca a tinha visto preparar *milkshakes* para ninguém.

Uma outra vez, a mãe de Sam lhe perguntou se ele havia tido irmãos ou irmãs na vida passada. Ele respondeu: "Ah, sim, tive uma irmã. Ela se transformou em peixe." Indagado sobre quem a transformara em peixe, explicou: "Uns sujeitos muito maus. Ela morreu. Você sabe que, quando morremos,

Deus nos deixa voltar. Eu era grande e agora sou pequeno de novo." A irmã do avô de Sam, com efeito, tinha sido assassinada cerca de sessenta anos antes: o marido a matara enquanto ela dormia, envolvera-lhe o corpo num lençol e jogara-o na baía.

Em outras ocasiões, Sam disse corretamente que o lugar favorito do avô na casa era a garagem, onde fazia "invenções", e que o seu pai tinha o seu próprio volante quando a família saía de carro. Quando criança, o pai de Sam tinha um volante de brinquedo que se prendia ao painel por sucção.

A avó de Sam morreu quando ele tinha quatro anos e meio. O pai de Sam foi até a casa dela para juntar os pertences e voltou com uma caixa cheia de fotos da família. Até então, não havia na casa nenhuma foto da família do pai de Sam. Quando a mãe as espalhou sobre a mesa, uma noite, Sam se aproximou e pôs-se a apontar as fotos do avô, dizendo: "Este sou eu!" Ao dar com o instantâneo de um automóvel vazio, gritou: "Ei! Este é o meu carro!" Era a foto do primeiro e único carro novo que o avô havia comprado, um Pontiac 1949 muito especial para ele.

A mãe apresentou a Sam uma fotografia de escola do avô quando este fazia o curso primário. A foto mostrava 27 crianças, dezesseis delas do sexo masculino. Sam correu o dedo sobre os rostos, deteve-o sobre a imagem do avô e disse: "Este sou eu."

O pai afirma que o avô de Sam não se relacionava muito bem emocionalmente com os filhos, sobretudo quando estes ficaram adultos. Ele mesmo havia externado os seus sentimentos, mas não teve retorno. Acha que, se o pai voltou na pessoa de Sam, foi para assegurá-lo do seu amor. O pai de Sam é muito acessível a todos os filhos e parece manter com Sam um excelente relacionamento.

Ao que tudo indica, Sam reconheceu alguém ou alguma coisa da vida passada, identificando a personalidade anterior, o seu avô paterno, em fotografias e até apontando a imagem do carro do avô. Isso lembra os relatórios de muitos de nossos casos, nos quais crianças identificam membros da família antiga.

Os reconhecimentos, nesses casos, incidem em diversas categorias. O primeiro tipo é o dos reconhecimentos não-controlados. Neles, os pais tentam pôr a criança à prova para descobrir se ela consegue identificar membros ou pertences da família anterior, mas não conduzem os testes sob as condições controladas que nós recomendaríamos. Embora os testes enfatizem o reconhecimento de pessoas, às vezes localidades também são envolvidas. Em casos assim, as testemunhas informam que as crianças mostraram o caminho para a casa da personalidade anterior ou observaram mudanças nos edifícios e paisagens ocorridas depois da morte dela.

Infelizmente, os métodos que as famílias costumam usar para aplicar testes de reconhecimento nos obrigam a questionar-lhes o valor. Antes do teste, elas tomam providências para que a criança entre em contato com a antiga família. Não raro, tendo se espalhado a notícia de que uma criança que alega lembrar-se da vida de uma determinada personalidade anterior está vindo para encontrar os familiares da pessoa falecida, uma grande multidão se forma diante da casa. Então alguém pergunta à criança, por exemplo: "Está vendo a sua esposa?" ou passa-lhe um objeto qualquer a ser entregue a essa pessoa. Como escreveu o Dr. Stevenson, embora os envolvidos não presumam automaticamente que a criança se lembra realmente da vida de uma pessoa em especial, e queiram levar adiante o teste, a multidão reunida para assistir à prova pode fixar ansiosamente a esposa da personalidade anterior quando alguém pede à criança que a identifique — e uma criança observadora dificilmente falhará em apontar a pessoa certa.

Esses reconhecimentos aparentes quase sempre impressionam os envolvidos no caso. Embora as suas expectativas de que a criança reconheça pessoas de uma vida passada possam muito bem obscurecer-lhes o raciocínio, cumpre notar em sã consciência que a reação da criança durante o reconhecimento — por exemplo, um olhar perplexo ou uma emoção cálida — sem dúvida torna o evento mais intrigante para aqueles que o presenciam. Nem sempre as testemunhas afirmam que a criança reconheceu membros da família anterior; às vezes, relatam que ela reconheceu alguns, mas não todos.

Em alguns casos, os informantes asseguram que a criança reconheceu membros da família anterior quando poucos dos presentes, se algum, poderiam por inadvertência ter identificado aquelas pessoas. Isso pode ocorrer quando a família anterior toma ciência do que a criança disse antes de a família atual ir ao seu encontro e vai ela própria à casa da criança sem se anunciar com antecedência. Indika Ishwara, no Capítulo 4, disse à mãe: "Papai chegou", quando o pai da personalidade anterior veio visitar a sua família.

Em outras situações, as famílias aplicam testes complementares cujas respostas exigem da criança conhecimento da vida pregressa. Por exemplo, no caso de Chanai Choomalaiwong (Capítulo 4), a família antiga mostrou-lhe cinco ou seis cintos e mandou-o escolher o que havia pertencido a ele. Chanai imediatamente pegou o que havia pertencido à personalidade anterior. Tal como sucede nos testes de reconhecimento não-controlados, não sabemos se os membros da família intencionalmente o orientaram na seleção do objeto certo.

Em alguns casos, os pais dos sujeitos relatam que as crianças mostraram o caminho da casa da personalidade anterior. Isso aconteceu com Chanai, que após discorrer sobre a vida de um professor, encaminhou-se para a casa dos pais de um professor assassinado. Nesse caso, e em muitos outros semelhantes, nenhuma pessoa que conhecesse o caminho estava com a criança, de sorte que não é necessário sequer considerar a possibilidade de alguém ao lado ter-lhe fornecido pistas inadvertidamente.

Algumas crianças também parecem detectar mudanças ocorridas depois da morte da personalidade anterior. Por exemplo, quando Sujith Jayaratne (Capítulo 5) foi levado à propriedade dos pais da pessoa falecida, Sammy Fernando, ele observou corretamente que a estrada tinha novo traçado, com sebes novas, desde o falecimento de Sammy. Além disso, dirigiu-se a um local de onde uma árvore havia sido removida e perguntou: "O que houve com a árvore que estava aqui?"

De igual modo, Gamini Jayasena (Capítulo 5) esteve na casa da personalidade anterior, Palitha Senewiratne. Após a morte deste, a família substituíra o telhado de colmo por outro de chapas de ferro corrugado e Gamini comentou que o novo era bem mais "brilhante" que o velho. Ao visitar a pensão onde Palitha residiu quando freqüentava a escola, disse à proprietária que ali outrora existiu uma oliveira — e, com efeito, uma oliveira tinha sido cortada após a morte de Palitha.

Em outros casos, embora a família tenha aplicado testes de reconhecimento sob condições que não julgamos adequadas, as crianças fizeram mais tarde declarações intrigantes. Após identificar a viúva da personalidade anterior, Necip Ünlütaskiran (Capítulo 4) disse ter-lhe cortado a coxa com uma faca e ela confirmou que de fato o marido havia feito isso durante uma discussão.

Em outro exemplo, quando Jasbir Singh, o garoto do Capítulo 6 que se recusava a ingerir alimentos não brâmanes, viu um primo da personalidade anterior, gritou: "Vem aqui, Gandhiji." Alguém o corrigiu: "Este aí é Birbal", mas Jasbir insistiu: "Pois eu o chamo de Gandhiji." De fato, o homem tinha o apelido de Gandhiji porque as pessoas achavam as suas orelhas de abano parecidas às do Mahatma Gandhi.

Essas observações espontâneas abalam a idéia de que os pais do sujeito o tenham instruído a fingir lembrar-se de vidas passadas. O conhecimento exibido pelas crianças pressupunha informações que nem os pais possuíam, além de elas terem se mostrado capazes de fazer muito mais que repetir fatos a respeito de uma outra vida.

Algumas crianças também fazem reconhecimentos espontâneos, identificando uma pessoa ou lugar mesmo quando ninguém esteja preocupado em testá-las. Em semelhantes circunstâncias, as pistas ambientais que possam ajudar as crianças a sair-se bem em testes não-controlados quase nunca estão presentes. Às vezes, isso leva à solução de um caso que de outro modo permaneceria em suspenso. Um exemplo é Gamini Jayasena, do Capítulo 5, o qual durante uma viagem de ônibus comentou que a sua residência anterior se localizava numa parada à frente, induzindo assim a família a sondar as pessoas da região. De igual modo, no caso de Necip Ünlütaskiran, os pais não tentaram verificar-lhe as declarações sobre a existência passada até ele encontrar a esposa do avô. Nesta ocasião, Necip afirmou tê-la conhecido na vida pregressa, que situava na cidade de Mersin, onde ela já havia morado. Do mesmo modo, Ratana Wongsombat (Capítulo 5) reconheceu a monja Mae Chan, convencendo o pai a ir até o templo para falar com ela. O pai ouviu então da monja que as informações da filha sobre uma vida pregressa eram precisas no que dizia respeito a uma mulher morta um ano e meio antes do nascimento de Ratana. Neste caso, Ratana havia pedido para ir ao templo, portanto o seu reconhecimento não pode ser a coincidência que o de Gamini sugere.

O Caso de Nazih Al-Danaf

Um caso que envolve vários reconhecimentos é o de Nazih Al-Danaf, do Líbano. Muito novo ainda, Nazih descreveu uma vida passada aos pais e a sete irmãos, todos eles disponíveis para entrevistas. O menino discorreu sobre a vida de um homem que a sua família não conhecia. Afirmou que o tal homem carregava pistolas e granadas, tinha uma bonita esposa e filhos pequenos, morava numa casa de dois andares rodeada de árvores e com uma caverna nas imediações, tinha um amigo mudo e tinha sido fuzilado por um grupo de homens.

O pai relatou que Nazih pediu para ser levado à sua residência anterior, localizada numa cidadezinha a quinze quilômetros de distância. Os pais fizeram-lhe a vontade quando ele tinha seis anos, levando também duas de suas irmãs e um irmão. A pouco menos de um quilômetro da cidade, depararam com o início de uma trilha poeirenta que saía da estrada principal. Nazih lhes disse que aquela trilha ia dar numa caverna, mas todos tocaram para diante sem confirmar a informação. Ao chegar ao centro da cidadezinha, onde seis caminhos convergiam, o pai perguntou a Nazih qual deles deveria tomar. O menino apontou um dos caminhos e explicou que deveriam segui-lo até dar com uma estrada que se bifurcava numa ladeira, de onde avistariam a sua casa. Ao chegar no local, a família desceu e começou a perguntar a respeito de alguém que tinha morrido do modo descrito por Nazih.

Logo souberam que um homem chamado Fuad, morador de uma casa perto daquela estrada antes de morrer dez anos antes do nascimento de Nazih, parecia encaixar-se na descrição do menino. A viúva de Fuad perguntou a Nazih: "Quem construiu os alicerces do portão de entrada da casa?" e Nazih respondeu corretamente: "Um homem da família Faraj." O grupo então entrou na casa, onde Nazih, sem errar, informou que Fuad guardava as suas armas num armário. A viúva indagou se tinha sofrido um acidente em sua residência anterior e Nazih descreveu com minúcia esse acidente. Ela perguntou também se se lembrava o que havia deixado sua filhinha muito doente e Nazih respondeu que a menina tinha tomado acidentalmente alguns comprimidos do pai. O garoto descreveu também, com acerto, dois outros incidentes da vida da personalidade anterior. A viúva e seus cinco filhos ficaram perplexos com o conhecimento demonstrado por Nazih e se convenceram de que ele era Fuad renascido.

Pouco depois do encontro, Nazih visitou o irmão de Fuad, Sheikh Adeeb. Quando Nazih o viu, correu para ele gritando: "Aí está o meu irmão Adeeb!" Sheikh Adeeb pediu-lhe que provasse ser seu irmão e Nazih disse: "Eu lhe dei uma Checki 16." A Checki 16 é uma pistola de fabricação tchecoslovaca, pouco comum no Líbano; Fuad realmente tinha dado uma ao irmão. Sheikh Adeeb perguntou então onde ficava a sua casa original e Nazih, descendo com ele a estrada, apontou-a corretamente: "Aquela é a casa do meu pai e aquela [a próxima] o meu primeiro lar." Dirigiram-se para a última, onde a primeira esposa de Fuad ainda vivia, e, quando Sheikh Adeeb perguntou quem era ela, Nazih não hesitou e deu-lhe o nome correto.

Sheikh Adeeb mostrou-lhe em seguida uma fotografia de três homens e indagou quem eram. Nazih apontou um por um e forneceu corretamente os nomes de Adeeb, Fuad e um irmão deles falecido. Sheikh Adeeb mostrou-lhe mais uma fotografia, na qual o menino reconheceu o pai daqueles homens. Mais tarde, Sheikh Adeeb foi até a casa de Nazih levando uma arma. Perguntou ao menino se era aquela a pistola que Fuad havia dado para ele; Nazih respondeu que não, e acertou.

O Dr. Haraldsson investigou o caso de Nazih e conseguiu atestar muitas de suas declarações, inclusive a informação de que a personalidade anterior tivera um amigo mudo. Descobriu também que a descrição da residência de Fuad se aplicava a uma casa na qual ele tinha vivido durante vários anos, inclusive pelo tempo em que a da cidade, inacabada quando da morte de Fuad, estava sendo construída. A residência anterior erguia-se junto ao atalho poeirento que Nazih indicara durante a primeira visita da família à cidadezinha, atalho no fim do qual, como afirmou o menino, realmente existia uma caverna.

Se, neste caso, as famílias recordaram os eventos com precisão, segue-se que as palavras de Nazih não são nada fáceis de explicar pelos meios normais. O seu reconhecimento espontâneo da localização das duas casas que a personalidade anterior possuíra já impressiona por si só. Juntando-se a isso a sua capacidade de indicar corretamente a primeira moradia da personalidade anterior, a coincidência se torna uma explicação das mais improváveis. Também as informações prestadas à família de Fuad a respeito de inúmeros detalhes são notáveis. O que ele disse sobre a pistola Checki 16 é particularmente intrigante sob vários aspectos: um deles, o fato de tal conhecimento não poder originar-se de nenhuma pista ambiental. A presteza em fornecer os nomes dos homens na fotografia impressiona mais que os casos nos quais uma criança simplesmente aponta para um membro da família da personalidade anterior, uma vez que nenhuma pista ambiental poderia levar Nazih a descobrir os nomes que deu. Os informantes garantiram que o menino nunca tinha visto fotografias da personalidade anterior antes de identificá-la entre o grupo fotografado e Sheikh Adeeb estava convicto de que, com a possível exceção de sua esposa, ninguém sabia que Fuad o presenteara com uma pistola Checki 16.

Num número limitado de casos, investigadores puderam conduzir testes de reconhecimento controlados nos quais a criança pareceu capaz de identificar pessoas que conviveram com a personalidade anterior. Esses testes foram aplicados nos dois casos seguintes, investigados pelo Dr. Stevenson.

O Caso de Gnanatilleka Baddewithana

Gnanatilleka Baddewithana nasceu no Sri Lanka em 1956 e, quando tinha dois anos de idade, começou a dizer que tinha pai, mãe, dois irmãos e várias irmãs em outra localidade. Após ouvir falar de uma cidade, Talawakelle, a vinte quilômetros de distância, Gnanatilleka passou a dizer que tinha morado ali e gostaria de visitar os seus antigos pais.

Quando a menina estava com quatro anos e meio de idade, um vizinho escreveu a seu respeito para H. S. S. Nissanka, um jornalista que redigira diversos artigos sobre reencarnação e mais tarde obteve um Ph.D. em Relações Internacionais. Depois, publicou um livro sobre o caso de Gnanatilleka, do qual colhi inúmeros detalhes. O Dr. Nissanka resolveu conhecer a menina, pedindo a um conhecido monge budista e a um professor de uma universidade próxima que o acompanhassem. Entrevistaram Gnanatilleka, que relatou vários incidentes ocorridos numa vida passada na cidade de Talawakelle, inclusive um no qual dizia ter visto a Rainha, que viajava de trem.

Não deu nenhum nome a não ser o de Talawakelle e o de uma irmã a quem chamava Lora — vez por outra, Dora. Como a rainha Elizabeth de fato viajou pelo Sri Lanka em 1954, o Dr. Nissanka e seus companheiros presumiram que Gnanatilleka se referia a alguém de Talawakelle que morreu entre a época da visita e o nascimento da menina, em 1956. Na verdade, eles concluíram que a personalidade anterior devia ter falecido antes da concepção de Gnanatilleka, tese que, entretanto, não subscreveríamos automaticamente. O Dr. Nissanka publicou dois artigos sobre o caso num semanário popular e os três homens foram para Talawakelle a fim de investigar.

Em Talawakelle, o grupo encontrou um homem que afirmou que as informações dos artigos correspondiam com a vida de um membro de sua família, um adolescente chamado Tillekeratne, que tinha morrido em novembro de 1954. Logo depois do encontro, o professor de Tillekeratne foi até a casa de Gnanatilleka acompanhado de dois homens que a menina não conhecia. Cada um perguntou a Gnanatilleka se o conhecia. A menina respondeu negativamente a dois deles, mas disse ao professor: "Sim, o senhor é de Talawakelle!" Depois de um instante, comentou que ele a ensinou e nunca a puniu — e saltou para o seu colo.

No dia seguinte, a equipe de investigação providenciou para que Gnanatilleka encontrasse membros da família de Tillekeratne numa casa de repouso ou numa estalagem de Talawakelle, sem lhe contar o motivo da viagem. Gnanatilleka sentou-se num quarto com a mãe, o monge e o Dr. Nissanka, que estava preparado para registrar tudo num gravador. O pai de Gnanatilleka e o professor de Tillekeratne postaram-se junto à porta, enquanto outros observadores viam tudo de outro cômodo. A mãe de Tillekeratne entrou no quarto. O monge perguntou à menina: "Você a conhece?"

Gnanatilleka ergueu os olhos e, de repente, mostrou-se irrequieta ao encarar a recém-chegada. Quando perguntaram novamente se ela conhecia aquela mulher, respondeu: "Sim".

A mãe de Tillekeratne ofereceu-lhe um torrão de açúcar e abriu-lhe os braços, nos quais ela logo se aninhou. A mulher perguntou: "Diga-me, onde eu morava?"

Gnanatilleka respondeu: "Em Talawakelle."

A mãe de Tillekeratne insistiu: "E quem sou eu?"

Gnanatilleka, cuidando para que a sua mãe não a ouvisse, sussurrou ao ouvido da outra (e junto ao microfone do Dr. Nissanka): "Mãe de Tallawakelle."

Decorrido um minuto, os observadores perguntaram de novo: "Quem era aquela senhora? Diga-nos", e a menina replicou: "A minha mãe de Talawakelle".

Em seguida, o pai de Tillekeratne entrou. Perguntaram a Gnanatilleka: "Você o conhece?"

Ela respondeu que sim e, indagada sobre quem era o homem, não hesitou: "É o meu pai de Talawakelle."

Logo depois dele entrou uma das irmãs de Tillekeratne, que o acompanhava diariamente à escola. Indagada sobre de quem se tratava, Gnanatilleka respondeu: "Esta é a minha irmã de Talawakelle."

"Aonde você costumava ir com essa irmã?"

"À escola."

Ao perguntarem como elas iam para a escola, Gnanatilleka respondeu corretamente: "De trem."

A seguir entrou um homem que tinha se mudado para Talawakelle depois da morte de Tillekeratne, o qual lhe perguntou: "Quem sou eu?" E ela: "Não..."

O Dr. Nissanka interveio: "Você não o conhece? Olhe com atenção. Quem é?"

Mas ela reafirmou: "Não, não o conheço."

Entraram então três mulheres. Uma delas perguntou: "Você me conhece? Quem sou eu?"

Gnanatilleka respondeu: "Ah, você é a minha irmã querida."

A outra perguntou: "E eu?"

"A irmã que mora na casa debaixo de nós."

A mãe de Gnanatilleka perguntou-lhe a seguir quem era a terceira mulher, e ela replicou: "A irmã na casa de quem íamos costurar." Todas essas informações com respeito às irmãs de Tillekeratne estavam certas.

Fizeram-se entrar dois homens de Talawakelle separadamente. O primeiro era um amigo muito próximo da família de Tillekeratne, enquanto o segundo tinha sido professor do menino falecido na escola dominical. Gnanatilleka afirmou conhecer a ambos naquela cidade, mas não forneceu outros pormenores.

Por último, o irmão de Tillekeratne entrou. Ele e Tillekeratne brigavam muito e, quando os presentes perguntaram a Gnanatilleka se o conhecia, ela respondeu colérica: "Não!" Insistiram na pergunta e ela teimou: "Não, não!" O Dr. Nissanka sugeriu então à menina que confidenciasse apenas à mãe se o conhecia ou não e ela lhe sussurrou ao ouvido: "Meu irmão de Talawakelle." O Dr. Nissanka pediu-lhe em seguida que falasse mais alto para todos ouvirem e ela declarou: "Meu irmão de Talawakelle." Quando o Dr. Nissanka pediu a Gnanatilleka que deixasse o irmão abraçá-la, ela se pôs a chorar e disse que não queria.

Gnanatilleka fez reconhecimentos dos mais impressionantes, pois não apenas sabia do relacionamento da personalidade anterior com cada um dos apresentados como tinha consciência de outros fatos que não poderia deduzir unicamente das aparências. Ela declarou acertadamente que não conhecia pessoas que a personalidade anterior também não havia conhecido — os dois homens que acompanharam o professor de Tillekeratne à sua casa e o estranho que os investigadores trouxeram para testá-la.

Gnanatilleka fez também dois reconhecimentos espontâneos mais tarde. Estreitou o relacionamento com o professor de Tillekeratne e certa vez, quando estavam saindo juntos, Gnanatilleka apontou uma mulher na multidão e disse: "Eu a conheço." E, voltando-se para o companheiro: "Ela foi ao templo de Talawakelle comigo." O professor confirmou a informação com a mulher, que de fato se mostrou amigável com Tillekeratne quando ambos cumpriam as suas devoções no templo. Uma outra vez, Gnanatilleka mostrou uma mulher que se achava no meio de um grupo e confidenciou: "Ela está com raiva da minha mãe de Talawakelle." O professor conferiu a informação com a mulher: descobriu que ela era uma vizinha da família de Tillekeratne e que teve alguns desentendimentos com a mãe de Tillekeratne, mas desde então ambas haviam feito as pazes.

O Dr. Stevenson surgiu em cena um ano depois da aplicação dos testes de reconhecimento controlados e entrevistou membros das duas famílias, além do professor de Tillekeratne. Em seguida às entrevistas iniciais, continuou a observar a família de tempos em tempos. Uma coisa que descobriu foi que Tillekeratne nunca teve uma irmã chamada Lora ou Dora. Ele foi colega de classe de uma menina chamada Lora quando era mais novo e teve com ela alguns contatos antes de morrer. O Dr. Stevenson entrevistou-a em 1970. Lora nunca tinha visto Gnanatilleka, por isso ele a levou sem prévio aviso, juntamente com uma de suas amigas, a quem Tillekeratne não conheceu, até a casa da menina. Perguntou a Gnanatilleka, já então com quase quinze anos de idade, se conseguia reconhecer as duas mulheres. Ela chamou Lora de "Dora", confundindo os nomes tal como fez quando era criança, e disse tê-la conhecido em Talawakelle, sem dar mais detalhes.

Esse foi um feito notável, mesmo se aceitarmos a possibilidade da reencarnação, pois Lora, adolescente em vida de Tillekeratne, tinha então perto de trinta anos, embora possamos supor que isso não difere em nada de ser capaz de reconhecer um antigo colega de classe numa reunião de colégio. Gnanatilleka fez o reconhecimento. Talvez ela tivesse adivinhado a localização de Talawakelle, dado o contexto do contato anterior do Dr. Stevenson com a família; mas a sua capacidade de fornecer o nome, que nenhuma das mulheres a quem lhe haviam pedido para identificar lhe transmitira, demonstra um conhecimento difícil de negar.

O caso de Gnanatilleka era de mudança de sexo, mas ela não exibia nenhum comportamento masculino. Muito jovem ainda, os pais notaram que tinha mais traços de garoto do que a sua irmã, porém não em grau acentuado; e, como adolescente, parecia-se com qualquer outra moça cingalesa típica. A personalidade anterior, contudo, tendia a ser um tanto feminina: preferia estar com garotas e, às vezes, pintava as unhas. Gostava de costurar e preferia camisas de seda. Na época, essas características faziam-no diferente da maioria dos meninos da região.

O Caso de Ma Choe Hnin Htet

O caso de Ma Choe Hnin Htet, de Myanmar, envolve não apenas um teste de reconhecimento controlado como também uma marca de nascença experimental. A personalidade anterior, aqui, foi uma jovem chamada Ma Lai Lai Way, nascida com um problema no coração que a limitava significativamente. Assim, ainda estava no colégio quando, aos vinte anos, deu entrada no Hospital Geral de Rangoon, onde permaneceu durante vários meses em 1975. Submeteu-se a uma cirurgia de coração aberto e morreu durante o procedimento.

Após a morte de Ma Lai Lai Way, três de suas amigas encarregaram-se de preparar-lhe o corpo para a cremação. Ao fazê-lo, lembraram-se do costume de marcar o corpo e usaram batom vermelho para fazer um sinal no lado esquerdo de sua nuca. Escolheram esse local porque não queriam que o futuro bebê nascesse com uma marca muito visível. O Dr. Stevenson observou que, escolhendo a nuca, as moças selecionaram o pior lugar possível para produzir uma marca de nascença experimental realmente impressionante, visto que sinais do tipo "bicada de cegonha" são muitíssimo comuns e às vezes persistem até bem depois da infância.

Treze meses depois da morte de Ma Lai Lai Way, a sua irmã mais velha deu à luz uma menina a quem chamou de Ma Choe Hnin Htet. Após o nascimento, a família de Ma Choe Hnin Htet notou que ela tinha uma marca de nascença avermelhada no lado esquerdo da nuca. Nessa época, a família ainda não sabia que as amigas de Ma Lai Lai Way haviam marcado o seu corpo, mas soube alguns dias depois quando uma vizinha contou. Como a mãe de Ma Choe Hnin Htet ignorava que o corpo tivesse sido marcado mesmo depois de dar à luz, podemos estar certos de que a impressão materna, a idéia segundo a qual os desejos ou esperanças da mãe tenham levado à marca de nascença no corpo do seu bebê, não desempenhou nenhum papel nesse caso.

Também podemos estar certos de que a localização da marca de nascença não induziu as testemunhas a identificá-la incorretamente com o lugar da marcação, pois, quando o Dr. Stevenson conversou com uma das amigas que haviam realizado a tarefa, Ma Myint Myint Oo, ela forneceu a localização sem saber que Ma Choe Hnin Htet veio ao mundo com uma marca de nascença. O Dr. Stevenson entrevistou também as outras duas amigas, que forneceram a mesma localização.

Ma Choe Hnin Htet tinha também um sinal no peito, presumivelmente de nascença, mas a família não o notou por vários anos, até alguém sugerir que ela deveria exibir uma marca de nascença que lembrasse a incisão cirúrgica em Ma Lai Lai Way. Tratava-se de uma linha fina, esbranquiçada, mais clara que o resto da pele, que corria na porção inferior do tórax e parte superior do abdome. Combinava com a cicatriz de uma cirurgia de coração aberto, exceto por ser mais baixa, ao menos na época em que Ma Choe Hnin Htet tinha quatro anos de idade, do que se esperaria de uma incisão dessas.

Tão logo Ma Choe Hnin Htet aprendeu a falar, passou a discorrer sobre a vida passada para os avós, pais da personalidade anterior. Disse que a avó tinha sido a sua mãe e que tinha morrido quando os médicos a operaram. Afirmou ainda que o seu nome era Lai Lai e chorava quando algum membro da família instigava-a dizendo que ela não era quem dizia ser. Além disso, se referia à mãe como "irmã mais velha", chamando o tio materno de "irmão" e o avô de "papai".

O Dr. Stevenson investigou o caso quando Ma Choe Hnin Htet tinha quatro anos. Três dias antes das entrevistas, duas amigas de Ma Lai Lai Way, uma das quais tinha-lhe marcado o corpo, visitaram a família. A jovem responsável pela marcação não via Ma Choe Hnin Htet desde que esta era bebê, mas a menina mostrou-se bastante amigável com ela. Ao ver as mulheres, ela correu para fora do portão, em vez de avisar os adultos, como normalmente faria, e, ao ficar diante delas, pediu à antiga amiga que a chamasse de Lai Lai

Way. Conduziu-a para junto da avó, que lhe perguntou: "Você a conhece?" A isso Ma Choe Hnin Htet retrucou: "Sim, é claro. Éramos amigas."

Quando o Dr. Stevenson conduziu as entrevistas, descobriu que Ma Myint Oo, outra das mulheres que haviam marcado o corpo, nunca tinha se encontrado com Ma Choe Hnin Htet. Ele e o seu intérprete, U Win Maung, decidiram levá-la à casa da menina sem avisar antes a família. Após chegarem na casa, apontaram para Ma Myint Oo e perguntaram a Ma Choe Hnin Htet: "Quem é ela?" A menina respondeu prontamente: "Myint Myint Oo."

Gostaríamos de ter tido mais oportunidades de conduzir testes semelhantes. Infelizmente, nos nossos casos, as crianças quase sempre já se encontraram com figuras importantes na vida da personalidade anterior quando surgimos em cena. Durante esses encontros, as famílias julgam muitas vezes que as crianças reconheceram diversas personagens daquela vida, mas não temos como confirmar por nós mesmos. Idealmente, tratar um caso antes que alguém tenha reconhecido a personalidade anterior nos daria uma excelente oportunidade para elaborar os testes, mas a verdade é que muitos desses casos jamais chegarão ao nosso conhecimento. Alguns pais não querem que outras pessoas saibam que seus filhos andam falando de uma vida passada, quando o caso não teve solução e as declarações não foram verificadas. Ainda que não se importem que outras pessoas fiquem sabendo, os pais normalmente evitam falar de um assunto em suspenso, e por isso os nossos agentes em vários países não têm grande chance de ouvir falar a respeito.

Nesses termos, precisamos nos inteirar dos casos cedo o bastante para que as crianças ainda se recordem dos fatos. Uma vez que, segundo parece, a maioria delas se esquece de tudo ao completar sete ou oito anos, conduzir testes quando elas estão mais velhas pode ser infrutífero. Existem exceções, como deixa claro o teste aplicado pelo Dr. Stevenson a Gnanatilleka Baddewithana; mas, em geral, é imprescindível conduzir o teste quando a criança ainda é bem nova. Isso significa que temos de ouvir falar do caso o mais cedo possível na vida do sujeito. Lamentavelmente, os nossos recursos são limitados e muitas vezes temos apenas uma pessoa procurando casos num determinado país. Se essa pessoa tomar conhecimento de um caso por intermédio de uma reportagem de jornal, é quase certo que a família já o solucionou. Saber de outro por meio de outras conexões oferece oportunidade melhor de chegar a um caso solucionável, antes de a criança encontrar a família da personalidade anterior; mas mesmo assim obstáculos importantes permanecem.

Isso nos deixa às voltas com apenas um punhado de casos nos quais investigadores aplicaram adequadamente testes de reconhecimento controlados. O seu número restrito não implica que os sujeitos foram os únicos a reconhecer membros da família antiga; entretanto, como as condições sob as quais as outras crianças fizeram o reconhecimento não foram adequadamente controladas, não podemos dizer com certeza que elas de fato identificaram membros da família.

Seria de desejar que, quando crianças estão tendo lembranças reais de existências pregressas, pudessem reconhecer as pessoas com quem dizem ter convivido, mas essas lembranças freqüentemente parecem vagas, incompletas e, em se tratando de certas crianças, só disponíveis em determinadas ocasiões. Se a personalidade anterior morreu há algum tempo, então a aparência das pessoas envolvidas quase sempre mudou substancialmente desde a época em que aquela personalidade viveu. Esses dois fatores talvez expliquem por que algumas crianças não conseguem reconhecer membros da família anterior.

Por outro lado, se não aceitarmos a reencarnação como possibilidade, ficaremos bastante surpresos ao ver uma criança identificar pessoas da vida pregressa sob condições controladas. De certo modo, os poucos casos sujeitos a testes de reconhecimento controlados confirmam os resultados de testes não-controlados de muitos outros casos e constituem um tipo notável de indício. Toda explicação que tenta classificar os casos como conseqüência de um processo normal, rotineiro, precisa encarar esses exemplos de crianças capazes tanto de reconhecer pessoas da vida passada quanto de dar a respeito delas informações precisas.

Sam, o garoto citado no início do capítulo, ao que parece reconheceu a personalidade anterior, o avô, em fotografias. Ao ouvir pela primeira vez falar desse caso, perguntei-me se ele não poderia ter identificado a personalidade anterior na foto de escola porque já tinha visto fotos do avô quando velho. Examinando as fotos, concluí porém que eu próprio jamais conseguiria descobrir a personalidade anterior entre os colegas de classe após ver as outras fotografias. Supor que uma criança de quatro anos pudesse fazer isso é ir longe demais. De fato, muitos dos garotos da foto se parecem, com os seus cabelos escuros e os seus uniformes; mas, quer os achemos semelhantes ou não, tenhamos em mente que estamos falando de um garotinho de quatro anos que apontou o seu avô na foto. Devemos incluir tais reconhecimentos em qualquer afirmação genérica sobre o fenômeno. Eles mostram que algumas crianças não apenas afirmam lembrar-se de vidas passadas como se mostram capazes de reconhecer pessoas ou lugares associados àquelas vidas.

Exame das Explicações

Ao tentar explicar os reconhecimentos por processos normais, podemos facilmente descartar os não-controlados como de pouquíssimo valor científico porque as crianças talvez tenham seguido pistas ambientais para reconstituir o que lhes pediram para reconhecer. As declarações que as crianças fazem freqüentemente durante os encontros, mencionando por exemplo o apelido de uma pessoa ou certos detalhes de um acontecimento antigo, são mais difíceis de explicar. Então, dizemos que os informantes não se lembram bem das declarações.

Temos também de recorrer à memória falha dos informantes para explicar muitos dos reconhecimentos espontâneos, visto que se diz que as crianças fazem sobre as pessoas declarações cujo conhecimento, segundo parece, não poderia ter chegado até elas pelas vias normais.

Finalmente, os testes de reconhecimento controlados apresentam o maior dos desafios à explicação por vias normais. Gnanatilleka Baddewithana identificou membros da família da personalidade anterior quando os pesquisadores os foram apresentando um por um. Podemos concluir que ela adivinhou o relacionamento de cada pessoa com a personalidade anterior — exceto pelo fato de, corretamente, afirmar que não conhecia o homem que a personalidade anterior também não tinha conhecido. Além disso, estaríamos concedendo crédito excessivo a uma menina de quatro anos e meio se imaginássemos que as suas habilidades dedutivas eram suficientemente boas para capacitá-la a adivinhar corretamente todos os relacionamentos.

Mais problemático ainda é o fato de ela ter dado também informação sobre as irmãs da personalidade anterior, que não reconheceria apenas por ver. Isso, ao lado dos reconhecimentos, significa que a coincidência não é uma explicação razoável; não podemos usar a memória deficiente como explicação porque os pesquisadores gravaram fitas de áudio dos testes. A fraude parece a única explicação normal possível. Podemos supor que a família de Gnanatilleka enganou a todos os envolvidos, que as duas famílias conspiraram para induzir ao erro os pesquisadores ou que estes mesmos não relataram acuradamente os eventos tais como ocorreram. Nada disso é provável, especialmente se nos lembrarmos de que Gnanatilleka foi capaz de reconhecer a mulher chamada Lora quando o Dr. Stevenson a testou oito anos mais tarde.

De igual modo, Ma Choe Hnin Htet pôde fornecer o nome de uma das amigas da personalidade anterior na primeira vez que a encontrou. Como pistas ambientais não lhe teriam permitido saber o nome, temos de supor que membros da família mentiram para o Dr. Stevenson ao contar-lhe que a menina jamais ouvira o nome da mulher.

Nos casos de testes de reconhecimento controlados, a fraude é a única explicação normal viável a que podemos recorrer — e não é nada razoável. Como nos casos paranormais, qualquer das três explicações pode ser usada para justificar os reconhecimentos. A percepção extra-sensorial talvez permita às crianças identificar personalidades anteriores. Se a consciência anterior dominou a criança, então pode mesmo fazer a identificação. Enfim, se a criança é a reencarnação da personalidade anterior, também pode chegar a idêntico resultado.

CAPÍTULO 8

Divina Intermissão

Bobby Hodges, um garoto da Carolina do Norte, vivia dizendo que queria morar com os primos: um menino, o filho mais velho, e três meninas. Além disso, a tia de Bobby perdeu gêmeos depois do nascimento do filho. Bobby afirmava que o menino era o seu irmão primogênito e perguntava por que a mãe o mantinha longe da verdadeira família. Repetia sempre que pertencia aos primos. Os pais, supondo que ele gostava da família dos primos porque ali havia mais crianças, nunca deram grande atenção às suas declarações até que ele se pôs a falar com a mãe, uma noite após o banho, quando tinha quatro anos e meio.

Perguntou-lhe se se lembrava da época em que ele estava no seu ventre. A mãe respondeu que sim e o menino perguntou se ela se lembrava da época em que estava grávida de Donald, o seu irmão de dois anos e meio. A seguir, indagou se ela se lembrava de quando ele e Donald estavam em seu ventre juntos. Quando a mãe lhe respondeu que ambos nunca haviam estado ali ao mesmo tempo, ele explicou que haviam estado, sim, mas não nascido. A mãe lhe disse que ele tinha nascido e, mais tarde, Donald nasceu também. O menino respondeu que ele e Donald haviam estado ao mesmo tempo no ventre de sua tia Susan, não no de sua mãe, e quis saber por que a tia não os dera à luz.

Bobby mostrou-se então muito inquieto e passou a recriminar Donald, dizendo: "Donald, a culpa é toda sua. Eu lhe disse que queria nascer de qualquer maneira, mas você não quis. Por que me tirou de lá, Donald? Por que não aceitou nascer? Agora conte-me como fez, como me arrancou de lá."

A essa altura, a mãe precisou intervir para que Bobby não avançasse contra Donald. Pediu-lhe que não censurasse o irmão, o qual nem sequer sabia do que ele estava falando. Bobby gritou que Donald sabia muito bem e voltou a indagar por que o arrancara do ventre da tia Susan.

Donald então retirou a chupeta da boca e gritou: "Não, eu queria papai!" e recolocou-a entre os lábios. Bobby replicou: "Eu não queria papai, queria o tio Ron!"

Depois que se acalmou um pouco, Donald contou à mãe que, após a gravidez fracassada, ele tentou voltar ao ventre da tia Susan, mas Rebecca, sua prima, já estava lá. Prosseguiu: "Eu quis entrar, mas ela não deixou. Tentei expulsá-la e não consegui. Ela tinha de nascer e eu não." Explicou então que entrou no ventre de sua mãe e assim nasceu, acrescentando: "Tive de me esforçar muito para chegar até aqui, mamãe."

Esclarecemos que o tio de Bobby, Ron, é irmão do seu pai. A esposa de Ron, Susan, ficou grávida de gêmeos do sexo masculino oito anos antes do nascimento de Bobby. Após uma gestação de 33 semanas, Susan deixou de sentir quaisquer movimentos dos gêmeos e, ao chegar ao hospital, os médicos descobriram que estavam mortos. Os registros do hospital mostram que a ligação de um dos cordões umbilicais à placenta não tinha cobertura adequada à volta dos vasos sanguíneos e estava, por isso, bastante sujeita a compressões. Os médicos disseram a Susan que, a seu ver, um dos gêmeos tinha rolado para cima do cordão. Isso interrompeu o fluxo sanguíneo, matando um dos gêmeos; e, em virtude da circulação partilhada, o outro também morreu logo depois.

Como o incidente foi compreensivelmente doloroso para o casal, a família nunca falava a respeito e os pais de Bobby estão convictos de que ele jamais ouviu coisa alguma nesse sentido. Susan engravidou de novo alguns meses depois e teve mais tarde três filhas. A última, Rebecca, nasceu dezoito meses antes de Bobby.

Afora ter dito que era um dos gêmeos de Susan, Bobby teceu alguns comentários sobre outras vidas das quais afirmava lembrar-se. Contou que em uma delas morreu devido a um ferimento causado por um tiro de pistola e que em outra foi um adolescente falecido em acidente de veículo motorizado. Certa feita, após recuperar-se de um resfriado, disse à mãe: "Mamãe, as pessoas no outro mundo nunca ficam doentes." Ela estranhou: "No outro mundo, Bobby?" E ele: "No mundo onde fiquei esperando para nascer. Ali, ninguém cai doente. São todos felizes e saudáveis. Gostaria que neste mundo ninguém adoecesse."

Em outra ocasião, falou sobre o casamento de seus pais, ocorrido quando a mãe estava grávida dele. Dado que a condição da noiva era bastante visível durante a cerimônia, ela não tinha fotos do acontecimento em exibição na casa. O casamento ocorreu no mirante de uma colina, para onde tiveram de subir inúmeros degraus. Os dois não acreditam que Bobby tenha visto uma fotografia da cerimônia ou ouvido falar a respeito até o dia em que surpreendeu a mãe examinando um álbum. Ela lhe passou uma foto do casamento — um *close* dos noivos diante de uma grade. Trata-se da grade do mirante, mas isso não fica claro na foto. A mãe está segurando flores e o pai veste uma casaca. Aparecem ambos de perfil, aparentemente postados diante do ministro, mas as costas de uma mulher (talvez uma convidada) impedem que se veja a pessoa que está à frente deles.

Quando a mãe de Bobby perguntou se ele sabia do que se tratava a foto, ele respondeu: "Sim, mamãe. É o seu casamento com papai. Eu estava lá. Vi tudo." A mãe insistiu: "Viu mesmo?", e ele: "Sim, mamãe, você subiu as escadas e os dois trocaram alianças. Depois, você comeu bolo."

Telefonei para ela logo depois disso e soube o que Bobby havia dito. Ela não via um meio de o garoto ter sabido que ela e o marido haviam subido escadas para iniciar a cerimônia do casamento. Num casamento que o menino tinha assistido, não foi servido bolo por causa de um problema com o ar-condicionado. A mãe nem sequer come bolo com freqüência, mas comeu naquele dia porque achava que não comê-lo lhe traria má sorte.

Em seu quarto aniversário, Bobby falou do nascimento. A mãe relata que o parto foi por cesariana, depois de um trabalho prolongado. Ele estava com o rosto para cima, posição chamada occípito-posterior, e as enfermeiras não conseguiram virá-lo. Quando falou sobre o seu nascimento, Bobby afirmou que sofreu maus-tratos no ventre materno por tentar sair. A mãe explicou que ele teve de esperar a hora certa de nascer e o menino retrucou: "Sei disso, mas estava ficando maluco: eu procurava sair e elas me empurravam a cabeça, mamãe, tentando fazer-me voltar. Sim, isso me deixou maluco porque eu queria sair de todo jeito e não podia."

A mãe, chocada, comentou: "Sim, não podia porque as enfermeiras puxavam a sua cabeça para fazê-lo virar-se. Tudo o que você precisava fazer era voltar-se e sair."

Ele respondeu: "Ah, mas eu não sabia disso! Poderia até ter-me virado, mas pensava que elas queriam me empurrar de volta. De qualquer forma, acabei por ver a luz, quando o médico me tirou da sua barriga. Em seguida me limparam de toda aquela sujeira e me puseram numa cama, onde por fim consegui dormir um pouco."

O caso de Bobby é daqueles em que uma criança fala sobre o intervalo entre a morte da personalidade anterior e o seu próprio nascimento. Aqui, ela fala dos eventos ocorridos quando se encontrava no ventre materno e faz referência ao fato de ter estado em outro mundo antes de encarnar-se. A maioria dos sujeitos de nossos casos não faz semelhantes declarações. Em 1.100 casos, 69 sujeitos relataram lembranças do funeral da personalidade anterior ou da disposição do corpo; 91 descreveram outros acontecimentos ocorridos na Terra; 112 disseram ter estado em outra esfera e 45 narraram episódios da concepção ou do renascimento. Algumas das crianças encaixam-se em mais de uma categoria porque descrevem mais de um tipo de experiência e somente 217 entre as 1.100 afirmaram ter tido pelo menos uma dessas experiências.

Dado que não podemos, obviamente, verificar quaisquer descrições que as crianças façam de outra esfera e muitas vezes nem sequer as outras declarações sobre experiências entre-vidas, as lembranças de intermissão tendem a ser uma área mais especulativa que as outras partes dos casos. Dois fatores sugerem que deveríamos ao menos examinar as declarações. Primeiro, algumas crianças falam de eventos que mais tarde se revelam precisos. Há nesses casos evidências limitadas que amparam as pretensões das crianças a lembrar-se do que aconteceu no intervalo das vidas. Estudaremos de passagem vários deles.

As crianças, nos casos mais contundentes, tendem a fazer tais declarações com maior freqüência do que as protagonistas dos casos de menor impacto, acrescentando alguns dados para validá-los. Eu desenvolvi uma escala que classifica a contundência de cada caso. Quando examinamos os diferentes tipos de lembranças de intermissão — por exemplo, dos funerais da personalidade anterior, de outros acontecimentos, da passagem por outra esfera e da concepção ou nascimento — quer individualmente, quer em grupo, descobrimos que a probabilidade de uma criança relatá-las tem correlação positiva com os pontos que ela marca na escala de contundência do caso. Poonam Sharma, estudante de medicina que trabalha conosco, também elaborou estatísticas segundo as quais as crianças que relatam reminiscências de intermissão tendem mais a recordar o nome da personalidade anterior e o modo como ela morreu do que as que não aludem ao assunto. Costumam se lembrar de mais nomes da vida passada em geral e fazem sobre ela um número maior de declarações que depois se revelam corretas.

Seja como for, inúmeros relatos são fascinantes e parecem dignos de atenção.

À Espera

Vinte e cinco entre 1.100 sujeitos descreveram detalhes do funeral da personalidade anterior ou da disposição do corpo que se revelaram acurados. Exemplo disso é Ratana Wongsombat, do Capítulo 5, que narrou acertadamente terem as cinzas da personalidade anterior sido espalhadas sob a árvore *bo* da área do templo, em vez de enterradas como ela desejava. Às vezes, as declarações não são suficientemente específicas para que se possa verificá-las. Por exemplo, Purnima Ekanayake (Capítulo 4) disse que após o seu acidente fatal flutuou no ar, na semi-escuridão, por vários dias. Viu pessoas chorando por ela e o seu corpo exposto durante o funeral. Afirmou que outras pessoas também flutuavam à sua volta. Em seguida avistou uma luzinha, aproximou-se dela e renasceu na nova família.

As crianças que tecem comentários sobre o funeral da personalidade anterior não costumam falar muito sobre o assunto nem se preocupar demais com ele. Se aceitarmos essas declarações, teremos de convir em que a consciência da personalidade anterior permaneceu perto do corpo ou junto da família durante algum tempo após a morte.

Algumas crianças relataram que ali permaneceram durante muito tempo após o enterro. Em certos casos, a família anterior confirmou parte das declarações. Um garoto indiano chamado Veer Singh dizia se lembrar da vida de Som Dutt, um menino de uma aldeia localizada a oito quilômetros da sua que morreu sete anos antes de Veer nascer. Afirmou ainda ter rondado a casa de Som e vivido numa árvore. Pelo que declarou ainda, teria comparecido ao casamento do irmão de Som nessa época e deu detalhes sobre o tipo de alimentos servidos. Embora estivesse certo, a comida era típica de um casamento indiano. Disse também que acompanhou membros da família quando ela se mudou da casa. Essa lembrança coincidia com um sonho que a mãe de Som Dutt teve vários meses após a morte do filho, no qual ele lhe aparecia dizendo que partiria com o irmão quando este saísse de casa à noite para se divertir. Após o sonho, o irmão admitiu à mãe que de fato andou dando as suas escapadas de casa. Veer Singh relatou ainda ter se irritado com umas moças que brincavam num balanço suspenso da árvore onde ele costumava repousar e ter quebrado o assento do brinquedo. O pai de Som Dutt lembrava-se desse incidente. Veer Singh também falou à mãe de Som sobre uns processos jurídicos em que a família havia se envolvido após a morte do menino. Falou a respeito dos irmãos nascidos durante a intermissão e mencionou corretamente ao pai de Som Dutt que um certo homem se mudou da aldeia depois da morte de Som.

Outras crianças afirmam ter permanecido nas imediações do local onde morreram na existência pregressa. Bom exemplo disso é Bongkuch Promsin, garoto da Tailândia que parecia lembrar-se da vida de um rapaz de dezoito anos assassinado oito anos antes do seu nascimento numa cidade a dez quilômetros de sua aldeia. Fez 29 declarações a respeito da vida passada, que se verificaram corretas, inclusive descrições de atos dos assassinos imediatamente depois de matarem a personalidade anterior. Afirmou ter ficado sete anos ao abrigo de uma moita de bambus perto de onde o corpo havia sido deixado. Depois de sete anos, num dia chuvoso, saiu em busca da mãe da personalidade anterior. Perdeu-se no mercado, viu aquele que seria seu novo pai e decidiu acompanhá-lo de ônibus até a sua futura casa. De fato, o pai de Bongkuch teve um encontro naquela área num dia chuvoso, justamente no mês em que Bongkuch fora concebido, de sorte que as lembranças deste puderam ser parcialmente verificadas.

Relatos de Outra Esfera

Em outros casos, os sujeitos descrevem experiências em outra esfera durante o intervalo entre a morte e o renascimento. Um menino chamado Lee disse que se lembrava de ter decidido reencarnar. Segundo as suas palavras, outros seres o ajudaram nessa resolução de voltar à Terra. Acrescentou que a mãe anterior era mais bonita que a de agora, e esta aceitou a comparação com bom humor. William, o garoto do Capítulo 1, informou que flutuara depois de morrer para o céu, onde viu Deus e animais.

Sam Taylor (Capítulo 7), que identificou o avô numa velha fotografia de escola primária, também afirmou ter visto Deus. Disse que Ele lhe dera um documento para voltar do céu, o qual parecia um cartão de visita comercial ilustrado por setas verdes. Afora esse detalhe aparentemente fantasioso, declarou que o seu corpo foi arremessado ao céu após a morte e que alguém também faleceu na mesma ocasião. Disse ter também visto o tio Phil no céu. O melhor amigo do seu avô tinha sido o marido da irmã de sua esposa e era por ele chamado de tio Phil. Sam comentou que, na vida anterior, "esquentara os pés" do tio Phil. O avô e o tio Phil, com efeito, gostavam de pregar peças um no outro e certa feita o avô "esquentara os pés" do amigo aquecendo-lhe os sapatos antes de ele os calçar.

De igual modo, Patrick Christenson, o menino do Capítulo 4 com três marcas de nascença que lembravam lesões em seu meio-irmão falecido, contou ter conversado no céu com um parente chamado "Billy, o Pirata", que lhe teria dito ter sido baleado à queima-roupa e morrido nas montanhas. A mãe de Patrick confessou nunca ter ouvido falar desse parente, mas, ao telefonar para a sua mãe a fim de indagar sobre as declarações do menino, soube que um primo com o apelido de Billy, o Pirata, de fato tinha morrido daquela forma.

Outras descrições particularmente vívidas de outra esfera incluem as de Disna Samarasinghe, uma menina do Sri Lanka que fez inúmeros comentários a respeito da vida de uma anciã morta numa aldeia a cinco quilômetros de distância. Descreveu-se suspensa no ar, mesmo tendo o corpo sido sepultado, e voando como um pássaro. Narrou o encontro com um rei ou governador cujas roupas vermelhas e bonitos sapatos pontudos nunca eram tirados nem lavados, mas permaneciam limpos. O mesmo se aplicava às suas próprias roupas, exceto pelo fato de serem amarelas. Disse ter brincado na casa do rei, feita de vidro e com belas camas vermelhas. Quando sentia fome, simplesmente pensava no alimento e ele aparecia. A mera visão da comida satisfazia-lhe o apetite, de sorte que ela não precisava ingeri-la. Concluiu narrando que o rei a levou até a casa de sua nova família depois de perguntar-lhe se queria ir lá.

Outra criança que fez declarações semelhantes é Sunita Khandelwal, menina indiana que falava sobre a vida de uma mulher residente numa cidade a mais de trezentos quilômetros de distância. Explicou que, após uma queda fatal de uma sacada, "Subi. Havia lá um *baba* [homem santo] de longas barbas. Examinaram o meu registro e ordenaram: 'Mandem-na de volta.' A casa tinha vários cômodos. Era a casa de Deus. Muito bonita. Nem se pode saber quanta coisa há ali."

Certamente, ninguém discordará dessa última afirmação.

Lembranças da Terra *Versus* Lembranças de Outra Esfera

Temos de considerar por que algumas crianças descrevem uma existência neste mundo após a morte anterior, enquanto outras falam do além. Se levarmos tais relatos a sério, poderemos examinar quais fatores levariam uma pessoa a ter um tipo de experiência após a morte em lugar de outro. Dois desses fatores são o modo como a personalidade anterior faleceu e a subitaneidade do falecimento. Examinando a morte da personalidade anterior, temos de comparar mortes naturais com mortes violentas para ver se os dois tipos podem produzir experiências diferentes mais tarde. As mortes violentas incluem acidentes, afogamentos e quaisquer outras dessa espécie, intencionais ou não. Ao comparar os dois tipos em 1.100 casos, descobrimos que o fato de a personalidade anterior ter sofrido morte natural ou violenta não parece determinar que a criança fale mais tarde em eventos terrenos ocorridos após o desenlace. Por outro lado, casos em que a personalidade anterior faleceu por meios naturais apresentam probabilidade maior, embora ligeira, de incluir declarações sobre existência em outra esfera do que casos que envolvem morte violenta — 19% contra 13%.

Podemos examinar o problema da subitaneidade da morte de duas formas. Primeira: ao considerar por quanto tempo a morte foi esperada, dividimos os casos em cinco categorias — inesperada até a época, até o dia, até a semana e até o mês do desenlace ou esperada por mais de um mês. Quando investigamos em que medida essa duração de tempo se correlaciona com as subseqüentes declarações feitas pelas crianças sobre cada tipo de experiência no espaço entre-vidas, descobrimos que o caráter súbito não afeta a probabilidade de a criança descrever lembranças de acontecimentos neste mundo; no entanto, quanto mais inesperada a morte, menos o sujeito tende a discorrer a respeito de uma existência em outra esfera.

A outra maneira de considerar a questão da subitaneidade do desenlace é comparar mortes repentinas com as que foram esperadas por ao menos algum tempo, ainda que apenas uma parte do dia. Em suma, comparamos casos nos quais a personalidade anterior sucumbiu instantaneamente com casos em que isso não aconteceu. Mortes súbitas incluem muitas ocorridas por meios não-naturais, mas também algumas por meios naturais (quando, digamos, a pessoa é vitimada por um ataque cardíaco). Ao fazer a comparação, de novo não vemos nenhuma diferença na freqüência das declarações sobre acontecimentos terrenos. Por outro lado, nos casos em que a personalidade anterior morreu de súbito não costumam incluir tão freqüentemente alusões a uma existência em outra esfera quanto aqueles em que ela morreu de maneira repentina: 12% contra 22%.

Essa análise pressupõe que o tipo ou a rapidez da morte da personalidade anterior não alteram a probabilidade de a criança, no caso, discorrer mais tarde sobre eventos terrenos que ocorreram entre a morte e o renascimento. Todavia, nos casos em que a morte ocorreu por meios naturais, ou já era esperada, tendem a incluir mais declarações do sujeito a respeito de uma vida em outra esfera entre a época da morte da personalidade anterior e o nascimento da criança.

Embora possamos deduzir daí que morrer de modo repentino ou inesperado rompe de algum modo o processo e diminui as chances de a pessoa passar para um outro mundo, os achados, embora estatisticamente significativos, não são absolutos. Devemos ter também em mente que, se as pessoas vão para um outro mundo depois de morrer e mais tarde renascem na Terra, essa análise indica que o tipo e a rapidez da morte talvez sejam dois fatores capazes de afetar as *lembranças* da outra esfera — mas não as experiências em si.

Ao especular a respeito, podemos excogitar se os traços de caráter e comportamento da personalidade anterior afetam a probabilidade de o sujeito de um caso descrever eventos terrenos ou extraterrenos. Os traços da personalidade anterior que registramos em nossos computadores são os seguintes, entre outros: a PA (personalidade anterior) era apegada à riqueza? A PA era criminosa? A PA era filantrópica ou magnânima? A PA era religiosa praticante? A PA costumava meditar? A PA tinha traços de santidade? Devo acrescentar que, na maioria de nossos casos, não dispomos de informações sobre esses itens, por isso lidamos com números pequenos — não pequenos o bastante para nos impedir de fazer com eles análises estatísticas, mas pequenos o suficiente para termos consciência de que qualquer interpretação é provisória.

Quando procuramos determinar se alguma dessas características afeta as chances de a criança um dia relatar lembranças de intermissão, descobrimos que nenhuma delas aumenta ou diminui a probabilidade de lembranças de acontecimentos terrenos. Além disso, só uma tem algo a ver com a eventualidade das recordações de outra esfera: a prática da meditação. Só temos informações de que a personalidade anterior era dada a essa prática em 33 dos 1.100 casos registrados em nossos computadores; portanto, os resultados são bastante precários, posto que estatisticamente significativos. Quanto mais a personalidade anterior meditou, mais pôde a criança referir lembranças de outra esfera.

Cheguei a tais resultados colocando a questão da lembrança de uma existência em outra esfera em termos de sim/não: ou a criança se lembrava daquela existência ou não. Nós, na verdade, não codificamos o item da lembrança de uma existência em outra esfera como uma questão sim/não, apenas como uma questão de grau. Anotamos se o sujeito se lembrava daquela existência com muitos detalhes, alguns detalhes, poucos detalhes ou não se lembrava de nada. Quando esmiuçamos assim o item e o comparamos à tendência para a meditação da personalidade anterior, ainda obtemos uma correlação positiva. Isso significa que, quanto mais a personalidade anterior meditou, mais detalhes a criança incluiu posteriormente na descrição dos eventos ocorridos em outra esfera. Face a isso, se estivermos abertos à possibilidade do renascimento e quisermos extrair daí alguma conclusão, então é provável que meditar aumente a capacidade das pessoas, em sua próxima vida, de recordar uma existência em outra esfera. Isso é bem diferente de dizer que a meditação pode aumentar as chances de o indivíduo se transferir para outra esfera depois de morrer; essa, contudo, também é uma possibilidade. Seja como for, toda conclusão é prematura. Pode haver outro fator envolvido que crie a ilusão de um vínculo entre meditar e evocar outra esfera.

Também estudei outros traços de caráter da personalidade anterior para ver se eles afetavam o grau de evocação de outra esfera por parte da criança: nenhum afetava. Nosso conhecimento atual e preliminar indica que a capacidade de referir lembranças de acontecimentos terrenos ou extraterrenos após a morte nada tem a ver com o fato de uma pessoa ser apegada às riquezas, assassinar, mostrar-se filantrópica ou generosa, praticar rigorosamente a sua religião ou parecer santa. Esses testes estatísticos, é claro, apenas contemplam a possibilidade de a criança narrar reminiscências e não respondem à pergunta sobre se algum dos fatores pode influenciar a chance de existência após a morte ou reencarnação.

Gestações Memoráveis

O derradeiro tipo de lembrança de intermissão pressupõe os de concepção e renascimento. Essa categoria pode incluir também lembranças, ou das experiências do bebê no ventre materno, ou dos atos dos pais durante a gravidez, como no caso de Bobby (início do capítulo). Ele narrou episódios do casamento dos pais e do seu próprio nascimento. Outro exemplo é William (Capítulo 1): quando viu uma fotografia da mãe grávida, comentou que, estando ele em sua barriga, ela sempre a encolhia ao subir as escadas de sua antiga casa. A mãe lhe perguntou como ele sabia disso e William respondeu que ele a espiava. Quanto às lembranças do nascimento, muitos cientistas sugeriram que bebês não conseguem reter nada na memória por mais que uns poucos segundos ou no máximo minutos. Desse modo, então as alegações das crianças de que se lembram do nascimento são obviamente impossíveis.

A nossa compreensão da memória infantil tem mudado em virtude das recentes pesquisas. No passado, a sabedoria convencional sustentava que os bebês possuíam uma espécie de sistema primitivo de memória e só mais tarde, no primeiro ano de vida, outro sistema diferente e mais maduro se desenvolvia. Os cientistas falavam numa memória implícita e procedimental em bebês, e numa memória explícita ou declarativa que se manifestava mais tarde. Essa sabedoria convencional não se baseava em pesquisas sólidas. Conforme um pesquisador observou: "A maioria dos cientistas provavelmente acredita que há provas empíricas para a conclusão de que sistemas diversos são responsáveis pela retenção de diferentes tipos de saber adquirido nas várias etapas do desenvolvimento. Mas não há nenhuma."

Elaborar estudos sobre a memória infantil é um grande desafio porque os bebês não se comunicam, mas os pesquisadores recorreram a vários procedimentos. Em alguns estudos, uma fita é atada ao calcanhar do bebê e a um móbile, para que ele aprenda graças à experiência de agitar o brinquedo com os movimentos da perna. Se a criança vê o mesmo móbile numa sessão subseqüente e o identifica, agita mais a perna do que quando o não reconhece. Outras técnicas incluem a imitação diferida, que implica levar crianças a reproduzir um comportamento que o pesquisador modelou antes para elas. Tais estudos revelaram, contrariamente às crenças anteriores, que os mesmos mecanismos fundamentais atuam no processamento das lembranças tanto de bebês quanto de pessoas mais velhas. Em ambos os grupos, as lembranças são gradualmente esquecidas, resgatadas por mementos e modificadas por informação nova que se lhes sobreponha. Estudos mostraram que as lembranças dos bebês, particularmente quando atiçadas por mementos apropriados, duram mais e são mais específicas do que antes se pensava. Um pesquisador observou: "O crescente consenso da literatura em torno do desenvolvimento da memória de crianças muito novas é que, desde os primeiros dias de vida, elas conseguem codificar, armazenar e retomar boa quantidade de informação a respeito de acontecimentos do mundo circundante, retendo esse material por consideráveis lapsos de tempo."

Embora seja evidente que os bebês conseguem evocar fatos por mais tempo à medida que crescem, os estudos revelam que os mecanismos neurais associados a esse aperfeiçoamento talvez não sejam os responsáveis pela codificação e o acúmulo de informações. Em outras palavras, o fato de a maioria de nós não conseguir evocar lembranças do nascimento ou da primeira infância parece não ter nenhuma ligação com a incapacidade dos bebês de traçar pistas de lembranças em seu cérebro: ao contrário, a incapacidade de preservar semelhantes recordações deve-se provavelmente aos mecanismos cerebrais encarregados de *recuperá-las.*

A questão, pois, se resume em saber se algumas crianças, talvez por meio de mementos ou de outro mecanismo qualquer, são capazes de resgatar antigas lembranças a que a maioria delas não tem acesso. Os pesquisadores já documentaram, nesse âmbito, exemplos ocasionais de recuperação pouco usual de lembranças. Por exemplo, um garoto de quase três anos pôde afirmar corretamente que a fotografia que tinha visto pela última vez num laboratório aos nove meses de idade era a de uma baleia. Em outro estudo, os pesquisadores entrevistaram dez crianças com menos de três anos e todas foram capazes de recordar-se de pelo menos um acontecimento ocorrido há mais de seis meses. Geralmente, crianças pequenas não se lembram do seu nascimento — embora talvez descobríssemos que muitas, bem mais do que pensamos, revelariam essas lembranças se lhes perguntássemos –, mas a pesquisa indica que semelhante possibilidade não é a idéia maluca que a sabedoria convencional cuidava ser. Quando Bobby, o menino do início do capítulo, parece recordar acontecimentos referentes ao seu nascimento, cabe-nos concluir que ele demonstra uma capacidade inusitada ou mesmo extraordinária de recuperar antigas lembranças, mas isso é diferente de dizer que ele não poderia se lembrar delas porque os bebês não conseguem codificar lembranças em seus cérebros.

Passemos agora às recordações pré-natais, de eventos ocorridos quando o bebê ainda se desenvolvia no ventre materno. Num dos estudos realizados, os pesquisadores pediram a mulheres grávidas que lessem em voz alta certa passagem de uma história infantil todos os dias, pelas seis últimas semanas de sua gravidez. Dois dias depois do nascimento dos bebês, fez-se um teste no qual a gravação do trecho era executada para recompensar um padrão de sucção do seio, enquanto outro trecho recompensava outro padrão. Os resultados mostraram que os bebês preferiam ouvir a passagem original. Aqueles cujas mães não haviam recitado o trecho não revelaram nenhuma preferência. O estudo mostrou, pois, que bebês podem preservar lembranças de fatos ocorridos antes do nascimento por pelo menos dois dias depois do nascimento.

Relatos como o de Bobby envolvem muito mais que mostrar preferência por uma história em vez de outra. Envolvem também outras lembranças. O Dr. David Cheek, obstetra, extraiu lembranças fetais de sujeitos por meio da hipnose e de técnicas ideomotoras, pedindo aos hipnotizados que respondessem a perguntas com sinais dos dedos fora do seu controle consciente. Conforme discutirei no Capítulo 10, a hipnose nem sempre é uma boa técnica para resgatar lembranças acuradas, mas o Dr. Cheek conseguiu extrair algumas delas graças ao processo. Num relatório, ele descreveu quatro casos nos quais os sujeitos hipnotizados relataram lembranças do ventre materno que as mães, depois, reconheceram como acertadas. No primeiro caso, uma garota se lembrou de uma cena na qual o pai se mostrou irritado ao ver que a mãe grávida estava tricotando uma roupinha feminina. A garota lembrava-se de que a mãe disse: "Mas vai ser uma menina!" e de que estava usando um vestido xadrez verde-escuro. A mulher confirmou esses detalhes e acrescentou que havia se livrado do vestido logo depois do parto: portanto, a filha não poderia tê-lo visto mais tarde.

Em outro caso, o Dr. Cheek tratou de uma senhora no início dos anos 1960 que se lembrava, sob hipnose, de um incidente ocorrido quando a sua mãe estava grávida dela de seis meses. A mãe havia tentado abortar com uma abotoadeira depois que o marido alcoólatra tinha ameaçado matá-la. Não conseguiu, e jamais falou a respeito com a filha até esta se lembrar de tudo em estado de hipnose.

No caso seguinte, um homem se lembrou de um incidente no qual a sua mãe, grávida, soube que o avô dele tinha morrido subitamente de um ataque cardíaco e descreveu em detalhe o vestido que ela estava usando na ocasião. Também se referiu ao medo da mãe, durante os trabalhos de parto, de morrer como o pai tinha morrido recentemente. A mulher confirmou mais tarde as lembranças que o filho conservava de sua aparência e emoções.

No último caso, uma alemã recordava que a sua mãe se sentiu amedrontada ao saber que estava grávida, pois o marido lutava então na Segunda Guerra Mundial. Recordava também que, logo depois do parto, o médico sussurrou à mãe: "O bebê é muito bonitinho" e ela ficou muito feliz. A mãe confirmou que todas essas lembranças eram verdadeiras. Embora cumprimentos e elogios na sala de parto sejam corriqueiros, cabe perguntar se a mulher poderia ter deduzido que a mãe se sentira a princípio ansiosa por causa da gravidez, dados os acontecimentos da época.

O Dr. Cheek supôs que os sujeitos, num primeiro momento, armazenam lembranças como impressões sensoriais, quando ainda no ventre materno, e depois de dominar a linguagem organizam-nas, tal qual uma pessoa poderia gravar uma palestra em língua estrangeira e ouvi-la anos mais tarde, após aprender essa língua. Concluiu, pois, que a experiência do feto reflete as reações de percepção e resposta da mãe ao ambiente, ao longo da gravidez. Os indícios lhe sugeriram que a telepatia, a clarividência e alguma forma de audição estão ao alcance do feto a partir do momento em que a mãe se percebe grávida. Embora semelhante conclusão pareça prematura, não consigo vislumbrar outra explicação melhor para muitos dos casos que ele descreve.

Aliás, os casos dele diferem dos nossos por envolverem lembranças das quais sujeitos adultos não se dão conta até se submeterem a sessões de hipnotismo; entretanto, se concluirmos que os sujeitos podem ganhar acesso às lembranças graças à hipnose, quando adultos, então a idéia de que algumas crianças pequenas têm consciência delas já não parece tão improvável. Os relatórios do Dr. Cheek abalam a tese segundo a qual os bebês, durante ou mesmo antes do nascimento, são incapazes de estabelecer trilhas de memória, uma vez que os seus sujeitos conseguiram mais tarde recordar, sob hipnose, eventos datados daquela época.

As lembranças que o Dr. Cheek documentou se parecem com as que alguns dos nossos sujeitos reivindicam sobre o nascimento ou o período de gestação, mas diferem das recordações de outra esfera ou de eventos na Terra antes de a pessoa ser concebida. Esses tipos de lembrança são, naturalmente, mais difíceis de comprovar. Embora descrições de outra esfera possam muito bem não passar de fantasia, quando as avaliarmos deveremos mantê-las no contexto de outras declarações que a criança fez e foram verificadas.

Talvez queiramos saber por que tão poucos sujeitos dos nossos casos discorrem sobre o período entre-vidas. Se as crianças recordam existências passadas, então seria de se esperar que todas conservassem também lembranças do que se passou durante a intermissão. Até certo ponto, a questão parece absurda porque falamos de declarações pouco dignas de crédito e em seguida nos perguntamos por que não as ouvimos em maior número; mas, em termos de lógica, deveríamos indagar como uma criança pode se recordar de uma vida anterior e nada saiba do que se passou depois.

Uma possibilidade é que as lembranças do período entre-vidas tem menos propensão de se fixar num cérebro em desenvolvimento porque não estiveram associadas a outro cérebro quando foram originalmente adquiridas. Recordações de eventos que ocorreram durante a intermissão ou no ventre materno teriam, é claro, de ser armazenadas em outro lugar que não um cérebro. Esse outro lugar, essa consciência poderia transportar lembranças da vida pregressa para a nova vida. Embora ela seja talvez capaz de armazenar lembranças de acontecimentos ocorridos no período entre-vidas, tais lembranças dificilmente se fixariam num cérebro em desenvolvimento, visto que não proviriam de outro cérebro.

Independentemente da causa, podemos dizer que só umas poucas crianças que alegam ter lembranças de uma vida passada afirmam recordar-se também de acontecimentos ocorridos entre o fim daquela vida e o seu próprio nascimento. Os seus relatos são intrigantes e algumas vezes foram considerados, ao menos parcialmente, corretos.

CAPÍTULO 9

Pontos de Vista Opostos

Os críticos vêm combatendo o conceito de reencarnação de várias maneiras e, neste capítulo, examinaremos os principais argumentos a que eles se referem. Se esses argumentos forem convincentes, então teremos de nos perguntar se valerá a pena sequer examinar a evidência dos casos. Afinal, se concluirmos que a idéia da reencarnação é impossível, não se justificará gastar tanta energia investigando um trabalho que lhe sugere a possibilidade. Eu não preciso perder tempo estudando a prova matemática de que 1 = 2 se já sei que 1 ≠ 2. Por outro lado, posso às vezes ter certeza de algo e, após um exame mais cuidadoso, descobrir que estava errado. Para citar um provérbio antigo: "O problema não é saber pouco, mas pensar saber muito." A questão, para nós, é: a certeza de algumas pessoas que rejeitam o conceito de reencarnação baseia-se nos fatos ou na ignorância?

Ao examinar os argumentos, não vou me concentrar nas críticas das várias crenças religiosas associadas à reencarnação, uma vez que tais crenças não constituem a base do trabalho neste livro. A pesquisa não presume que elas estejam corretas nem, conforme discutiremos no Capítulo 10, necessariamente as ampara. Apenas considera a possibilidade da reencarnação em sua forma mais elementar — que a consciência pode sobreviver à morte e transferir-se para outra pessoa.

Antes de dar início à discussão, quero citar um célebre cético. Carl Sagan, o astrônomo popular, foi membro-fundador de uma organização demolidora, o Committee for the Scientific Investigation of Claims of the Paranormal (CSICOP) [Comitê de Investigação Científica das Alegações dos Paranormais]. Em 1996, ele escreveu um livro intitulado *The Demon-Haunted World*, no qual criticava duramente muitas das idéias New Age ou paranormais. Diz, porém: "No momento em que escrevo, há três alegações no campo da [parapsicologia] que, em minha opinião, merecem estudo sério", sendo a terceira "o fato de crianças pequenas relatarem detalhes de uma vida pregressa que, após examinados, revelam-se corretos e não poderiam chegar-lhes ao conhecimento por outro meio que não a reencarnação." Sagan não disse que acreditava em reencarnação, pois não acreditava, mas achou que deveríamos levar essa tarefa a sério.

Haveremos de ignorar semelhante opinião? Investiguemos.

A Visão de Mundo Materialista

No campo científico, eis a primeira crítica lançada contra a reencarnação: ela não pode acontecer porque o mundo material é tudo quanto existe. Segundo essa visão, a consciência é mero resultado do funcionamento do cérebro e não existe independentemente dele. Portanto, a consciência cessa quando o cérebro morre. Dizem os cientistas que as coisas são assim, ou porque a idéia da sobrevivência após a morte conflita demais com aquilo que sabemos sobre a natureza materialista do mundo, ou porque não existe nenhuma prova de que ela aconteça.

Recentemente alguns cientistas respeitados, na maioria físicos, aventaram hipóteses em diversos campos que, tomadas em conjunto, desafiam essa negação materialista da consciência como mero subproduto insignificante de um cérebro em funcionamento. Diferentes grupos sustentaram que deveríamos separar a consciência do cérebro, que a física moderna pode incorporar fenômenos paranormais e até que a consciência é parte essencial do universo. Embora nenhum desses argumentos trate diretamente da reencarnação, veremos que eles podem integrar uma nova visão ampla do universo na qual a consciência desempenhe um papel-chave, em vez de ser apenas um subproduto desprezível do cérebro. Semelhante entendimento talvez propicie a idéia de uma consciência que funciona independentemente vir a fazer parte de nosso conhecimento científico.

O conceito segundo o qual a consciência pode ser tida como separada do cérebro vem, por vários modos, ocupando o cerne do problema da reencarnação há muito tempo. Descartes desenvolveu o conceito de dualismo no século XVII a fim de separar a mente — o mundo dos pensamentos — da matéria, incluindo o cérebro. Nos termos desse conceito, ele propôs que uma esfera imaterial, a dos pensamentos, coexistia com uma esfera material. Se a mente imaterial está separada da matéria do cérebro, vemo-nos às voltas com o problema de saber se ela pode continuar existindo depois que o cérebro morre.

Muitos cientistas ortodoxos consideram absurda a idéia de que a substância imaterial da mente possa interagir com a matéria do cérebro e alguns chegam ao ponto de dizer que o conceito de dualismo viola leis conhecidas da física. Se a mente afeta o corpo, então deve modificar uma entidade física, ou seja, as células cerebrais, sem dispor de energia física ou massa a ela associadas. Tal modificação exige um dispêndio de energia; ora, como não há aí nenhuma fonte de energia disponível, o processo violaria o princípio da conservação. Como escreveu um crítico: "esse confronto entre a física tradicional e o dualismo tem sido interminavelmente discutido desde a época de Descartes, sendo visto como o defeito incontornável e fatal da visão dualística."

A isso replicou o físico Henry Stapp: "O argumento depende de identificarmos 'física tradicional' com física do século XIX. Mas ele vem abaixo quando passamos para a física contemporânea [...] segundo a qual o esforço consciente pode influenciar a atividade cerebral sem violar as leis da física. A teoria física contemporânea admite, e em sua forma ortodoxa à von Neumann pressupõe, um dualismo interativo." Nos termos do seu modelo, a consciência é capaz de produzir efeitos sem deixar de ser "plenamente compatível com todas as leis conhecidas da física, inclusive a da conservação da energia". Quando ele diz "física contemporânea", refere-se à mecânica quântica, que é a compreensão do mundo material ao nível microscópico das moléculas, átomos e partículas subatômicas. De igual modo John C. Eccles, neurocientista ganhador do prêmio Nobel, aventou uma solução dualista para o problema. Ele e o físico quântico Friedrich Beck construíram hipoteticamente um engenho, segundo a mecânica quântica, que mostra como a mente pode atuar sobre o cérebro sem violar as leis da conservação: a intenção mental afetaria o cérebro aumentando as probabilidades de liberação de substâncias químicas, os neurotransmissores, para as sinapses das células nervosas.

Na área da física e dos fenômenos paranormais, alguns físicos contestaram a idéia de que as duas coisas são incompatíveis. Elizabeth Rauscher e Russell Targ explicaram que as quatro dimensões usuais de tempo e espaço não admitem a incorporação dos achados da pesquisa parapsicológica, mas que o modelo geométrico de espaço-tempo conhecido como "espaço de

Minkowski complexo" pode ser usado com êxito para descrever as grandes descobertas da parapsicologia. Por outro lado, O. Costa de Beauregard negou até mesmo que a idéia de tempo-espaço geométrica seja necessária para explicar os fenômenos psíquicos. Declarou que a ocorrência de fenômenos paranormais está claramente implícita na física teórica e que precognição, telepatia e psicocinese são permitidas por suas leis. Com efeito, escreveu que, "longe de ser 'irracional', *o paranormal é postulado pela física contemporânea*". Brian Josephson, prêmio Nobel de física, gerou controvérsia ao contribuir com um pequeno artigo para o folheto que acompanhava uma série de selos lançados na Grã-Bretanha pelo Royal Mail [correio inglês] a fim de comemorar o centésimo aniversário dos prêmios Nobel. Nele, escreveu que a teoria quântica estava agora sendo combinada com teorias da informação e da computação, "desenvolvimentos que podem futuramente explicar processos ainda não compreendidos pela ciência convencional, como por exemplo a telepatia". Acrescentou que, no longo prazo, fenômenos como a telepatia e as interações mente-matéria, a serem aqui discutidas de passagem, acabarão aceitas e confirmadas pela ciência.

No que tange à importância da consciência no universo, experimentos demonstraram que, em se tratando das partículas subatômicas, diversas realidades podem estar presentes ao mesmo tempo, até a observação restringi-las a uma única possibilidade. Esse talvez seja um conceito difícil de entender, por isso aí vai um exemplo. No clássico experimento chamado de "ranhura dupla", partículas leves, ou fótons, agem como ondas que parecem espalhar-se e avançar por duas ranhuras ao mesmo tempo, a menos que os físicos instalem detectores ao lado das ranhuras para registrar cada fóton que passa. Nesse caso, o fóton avança por uma ou outra ranhura, mas não pelas duas, dando assim a entender que a detecção obriga os fótons a seguir um caminho ou outro.

John Wheeler, importante físico que, entre inúmeras realizações, deu nome aos buracos negros, ampliou esse conceito para demonstrar como observadores conscientes do presente podem afetar acontecimentos do passado. Ele idealizou um experimento para mostrar que as medidas ora tomadas pelos astrônomos na Terra são capazes de afetar o trajeto que uma partícula de luz, emanada de um quasar distante, seguiu por bilhões de anos antes de os astrônomos fazerem as suas observações. Mais tarde o experimento foi demonstrado, em princípio, em laboratório. Wheeler pensa que, no nível quântico, o universo é uma obra em execução na qual não apenas o futuro não foi determinado como o passado ainda não o está, sendo os observadores conscientes um fator que pode ajudar a selecionar um dos muitos passados quânticos possíveis para o universo. Andrei Linde, físico da Universidade de Stanford, vai ainda mais longe: afirma que observadores conscientes constituem uma parte essencial do universo. Em suas palavras: "Não posso imaginar uma teoria consistente do todo [o objetivo da física de chegar a uma teoria unificada que explique tanto o universo em grande escala da gravidade e da relatividade quanto o universo em pequena escala da mecânica quântica] que ignore a consciência."

Quando combinamos as idéias desses respeitáveis cientistas — que devemos considerar a consciência como algo separado do cérebro, que a física moderna pode ser empregada para explicar fenômenos paranormais e que a consciência é parte essencial do universo —, obtemos uma visão da consciência muito diversa de sua negação materialista. Segundo essa tese, a consciência é uma força essencial e independente no universo, sendo os efeitos parapsicológicos que possa produzir consistentes com a atual posição da física. Se essa visão for correta, deveremos ser capazes de, para além daquilo que os nossos casos proporcionam, encontrar indícios em apoio da idéia de uma consciência a funcionar independentemente do cérebro.

Outros Indícios

De fato, em muitas áreas, os pesquisadores colheram indícios de que a consciência não está confinada a um cérebro individual. A pesquisa revela que a consciência ou o esforço mental da pessoa consegue afetar objetos ou seres vivos postados em outra parte, significando isso que a consciência provoca efeitos a alguma distância do cérebro dessa pessoa. Um grupo de estudos procurou descobrir se alguém é capaz de alterar o funcionamento de sistemas físicos usando apenas a mente — a isso se chama interação mente-matéria. Nesses estudos, sujeitos se valem da mente para tentar modificar o rendimento de máquinas chamadas geradores de números aleatórios, de sorte a tornar o rendimento não mais aleatório. É como procurar influenciar o desempenho de caça-níqueis com a mente, para que certas figuras apareçam em mais de 50% das tentativas. Essa pesquisa gerou uma profusão de dados que revelavam um efeito pequeno, porém significativo. Um novo exame sobre mais de oitocentos estudos conduzidos por 68 pesquisadores garantiu ser "difícil evitar a conclusão de que, sob certas circunstâncias, a consciência interage com sistemas físicos aleatórios".

Outro grupo de estudos pesquisou o efeito que a intenção mental possa ter em organismos vivos. Essa área é conhecida como Direct Mental Interaction with Living Systems (DMILS) [Interação Mental Direta com Sistemas Vivos]. Os pesquisadores realizaram dezenas de estudos sobre a capacidade dos sujeitos de afetar os padrões de diversos processos, entre outros o crescimento de plantas, a recuperação de animais da anestesia, a evolução de tumores em animais, a cura de ferimentos em animais e o desenvolvimento de fungos ou bactérias. Em última análise, dos 191 estudos controlados que foram feitos, 83 deram resultados estatisticamente relevantes a ponto de a probabilidade de se deverem ao acaso cair a menos de uma em cem, enquanto outros 41 propiciaram resultados que só ocorreriam casualmente de duas a cinco vezes em cem. Embora esperássemos que apenas uns poucos estudos fossem relevantes por acaso, 124 deles registraram resultados positivos.

Alguns estudos procuraram descobrir especificamente se a consciência de uma pessoa pode produzir benefícios de saúde em outra, pedindo aos sujeitos que tentassem melhorar a condição de pacientes ou pela prece ou, na maioria das vezes, pela chamada cura a distância. Como o nome sugere, cura a distância é a prática de tentar melhorar a saúde de outra pessoa que está longe recorrendo unicamente ao esforço mental. Nesses estudos, os pacientes não sabiam se os sujeitos estavam usando a prece ou a cura a distância em seu benefício. Houve resultados positivos para condições como doença cardíaca e AIDS. Um exame concluiu que, de 23 estudos, treze revelaram efeitos de tratamento estatisticamente significativos, ou seja, muito mais do que esperaríamos do mero acaso.

Todos esses estudos, quer com máquinas, organismos vivos ou pacientes, indicam que a consciência pode mesmo atuar distanciada do cérebro. Embora isso não seja o mesmo que dizer que a consciência sobrevive depois da morte do cérebro, se ela consegue agir fisicamente separada deste, temos de nos perguntar se não conseguirá também atuar isolada, no tempo, de um cérebro em funcionamento.

Haverá outro indício que defenda a idéia da continuidade da consciência após o falecimento de um paciente? Uma área de pesquisa desse problema é a das experiências de quase-morte. Muitas pessoas que sobrevivem a um acidente quase fatal ou ficam clinicamente mortas por um curto período de tempo relatam experiências vividas durante esse lapso. Tais experiências envolvem muitas vezes a impressão de deixar o corpo e testemunhar eventos de cima, para depois dirigir-se a outra esfera onde se encontram parentes ou entidades religiosas. Boa parte disso é subjetiva, sem dúvida, e não pode ser provada; mas algumas pessoas afirmaram ter visto ou ouvido o que se passava embaixo delas durante a experiência de quase-morte — e se provou depois que tais fatos realmente aconteceram.

Uma dessas pessoas, Pam Reynolds, descreveu minuciosamente equipamentos médicos que não lhe eram visíveis quando ela estava desperta e uma conversa que ocorreu na sala de operações quando ela estava inconsciente, durante uma cirurgia para remoção de um aneurisma cerebral em que o seu corpo foi esfriado a 16º, o coração parou e o sangue teve de ser drenado das veias. Em outro exemplo, o Dr. Bruce Greyson, da Universidade da Virgínia, examinou o relato de um homem chamado Al Sullivan sobre o que ele vivenciou durante uma cirurgia emergencial de ponte de safena. Disse o homem que, ao olhar para baixo durante a experiência de quase-morte, viu o cirurgião esfregando os cotovelos. O cirurgião e o cardiologista do Sr. Sullivan confirmaram ao Dr. Greyson que de fato os cirurgiões têm o hábito de esfregar os cotovelos após lavar as mãos para começar a operar.

Outra área de pesquisa concentra-se em relatos de aparições, nos quais as pessoas se dizem visitadas por entidades que não estão fisicamente presentes. Os estudos sobre esse assunto tiveram início no final do século XVIII. Costumam envolver vivos ou mortos e alguns falam em visitas de pessoas ao tempo de sua morte, embora as testemunhas da aparição não tivessem motivo algum para supor que elas estivessem morrendo. Em inúmeros relatos, as testemunhas descrevem detalhes da morte que, na ocasião, não poderiam ser do seu conhecimento. Casos coletivos também já ocorreram: neles, mais de uma pessoa vê a aparição.

A pesquisa com médiuns, pessoas que alegam ser capazes de comunicar-se com os mortos, também começou no final do século XVIII. Embora alguns deles tenham sido flagrados em fraude e outros dessem informações que poderiam muito bem colher por meios normais, sabe-se que uns poucos, realmente talentosos e cuidadosamente examinados, conseguiram revelar conhecimento específico e pessoal dos consulentes e de seus entes queridos já mortos. Um desses médiuns, a Sra. Lenore Piper, foi primeiro estudada por William James, o precursor dos psicólogos americanos, no século XVIII. Levaram-na também à Inglaterra, onde passou por testes na Sociedade de Pesquisas Psíquicas. Os pesquisadores se deram grande trabalho para prevenir fraudes, recorrendo a medidas como contratar detetives para segui-la durante semanas a fim de assegurar-se de que ela não estava à cata de informações sobre possíveis consulentes. Nesse contexto, a Sra. Piper revelou dados íntimos e pormenorizados sobre estranhos que compareceram às sessões. A Sra. Osborne Leonard, médium britânica do início do século XX, foi estudada do mesmo modo e mostrou-se igualmente impressionante. Mostrou habilidade singular em fornecer informações que eram na ocasião desconhecidas até dos consulentes e foram mais tarde constatadas.

Nos últimos tempos, a mediunidade praticamente assumiu feição de indústria caseira, com inúmeros médiuns se transformando em astros de televisão. Embora esse novo grupo não tenha sido pesquisado com a mesma intensidade com que as senhoras Piper e Leonard o foram, alguns chegaram a participar de estudos recentes ou em curso.

Cada um desses campos tem pontos fortes e fracos, mas, quando os consideramos como um todo, talvez nos ocorra perguntar por que a ciência tradicional preferiu ignorar tantos indícios levantados por essa pesquisa. A ciência é bastante conservadora e a sua estabilidade repousa na idéia de que novas visões do mundo devem encaixar-se no conhecimento anterior dele. O biólogo E. O. Wilson cunhou o termo "consiliência" para descrever o "saltar junto" do saber, que ocorre quando fatos e teorias de diferentes áreas se juntam para formar uma base comum de conhecimento. Conforme ele diz: "as explicações dos diferentes fenômenos com mais possibilidade de sobreviver são aquelas que podem ser vinculadas uma à outra, mostrando-se consistentes."

Embora essa visão seja indubitavelmente verdadeira, é de temer que induza a ciência tradicional a privilegiar o *status quo* pelo maior tempo possível, impedindo-a às vezes de aceitar um conhecimento novo que mais tarde parecerá inquestionavelmente óbvio. Essa história está repleta de exemplos infelizes, com a ciência tradicional voltando as costas a uma profusão de evidências que desafiavam o saber ortodoxo. O problema remonta pelo menos a Galileu, obrigado a comparecer perante a Inquisição em 1633 por defender a idéia de que a Terra gira em torno do Sol.

Outros exemplos particularmente infames incluem a incapacidade dos cientistas de reconhecer a existência dos meteoritos, embora os fazendeiros com freqüência relatassem que choviam pedras do céu sobre os seus campos. Os cientistas achavam essa idéia ridícula — como cairiam pedras do céu se no céu não há pedras? Então vem o pobre Ignaz Semmelweiss, um obstetra do século XVIII que morreu num manicômio com 47 anos após ter sido aviltado por afirmar que menos bebês morreriam durante o parto se os médicos lavassem as mãos antes de examinar as pacientes.

No século XX, a idéia da deriva continental, proposta por Alfred Wegener, foi de início ridicularizada, apesar dos inúmeros indícios que a corroboravam, porque um geólogo pontificou: "Se acreditarmos na hipótese de Wegener, deveremos esquecer tudo que foi aprendido nos últimos setenta anos e recomeçar do zero." A sua teoria ficou esquecida por décadas até se tornar a premissa para a tese atualmente aceita das placas tectônicas.

A ciência ortodoxa, sem dúvida, rejeitou com razão muitas idéias absurdas. Mas determinar quais idéias devam ser levadas em conta e quais devam ser repelidas pode ser difícil. A natureza conservadora da ciência tem sido o seu ponto mais forte e o seu ponto mais fraco. A compreensão básica do mundo tende a mudar num ritmo quase tão lento quanto o da deriva continental, mas a relutância em aceitar idéias novas tão prontamente evita que essa compreensão vá para diante e para trás ao sabor do acaso. A necessidade de "consiliência", isto é, a capacidade que tem um conhecimento novo de inserir-se no tecido do saber atual, ajuda a repudiar crenças errôneas, mas às vezes impede que percepções novas sejam aceitas.

A pergunta, para nós, é: a idéia de reencarnação poderia ser consiliente com o que sabemos ou pensamos saber sobre o mundo em geral? Um dos problemas é que não dispomos de uma teoria adequada para explicar como a reencarnação funciona. Dispomos apenas dos rudimentos de uma teoria, baseados na noção de que a consciência não está confinada ao cérebro. A consciência, numa dada pessoa, continua a existir depois que ela morre e em seguida pode ligar-se a um feto em desenvolvimento, trazendo consigo lembranças, emoções e até traumas.

Embora esse conceito entre em conflito com a visão materialista do mundo, quando examinamos os indícios de uma consciência separada e sobrevivente, tais quais os registrei aqui, de par com idéias recentes propostas pelos físicos, vemos que a afirmação genérica segundo a qual tudo quanto se oponha à visão materialista do mundo é necessariamente falso corre o risco de, um dia, ser considerada tão míope quanto as rejeições passadas, pela ciência ortodoxa, de fenômenos como o dos meteoritos. O campo da mecânica quântica pode fornecer um modelo para fazer com que um mundo de consciência se torne consiliente com os nossos outros conhecimentos. O mundo das subpartículas possui regras muito diferentes das que regem o mundo das grandes massas constituídas dessas mesmas subpartículas, levando os cientistas a falar de mistério quântico; ainda assim, o campo da mecânica quântica vem sendo aceito lado a lado com a nossa compreensão do macro-universo. De igual modo, as regras do mundo da consciência talvez sejam diferentes das que regem o mundo material, o que entretanto não impediria a sua aceitação como parte do universo como um todo. Teremos de aprender mais a respeito da consciência antes que a maioria dos cientistas ortodoxos aceite a reencarnação; mas a postura de alguns cientistas dos mais respeitados indica que a consiliência talvez seja um dia possível.

Mecanismos Desconhecidos

Outro argumento semelhante ao materialista é que não devemos considerar a reencarnação como possibilidade porque não conhecemos um mecanismo capaz de explicá-la — não sabemos como uma consciência sobreviveria sem um corpo, de que modo ela afetaria o feto em desenvolvimento e assim por diante. A fraqueza desse argumento é desde logo óbvia e mais óbvia se torna quando a examinamos em outros contextos. Felizmente a medicina nem sempre esperou a descoberta de mecanismos para tirar partido de tratamentos eficazes, uma vez que os médicos já prescreveram com êxito inúmeros remédios antes de conhecer o seu mecanismo de ação.

O mecanismo da gravidade era um mistério impenetrável na época em que Isaac Newton a conceituou, mas mesmo assim as pessoas aceitavam a sua existência. Não tivemos um mecanismo para explicar a gravidade até Albert Einstein propor, em sua teoria geral da relatividade, que ela é a curvatura do espaço e do tempo. Esse caso demonstra que, para repelir uma idéia, alegar a inexistência de um mecanismo concebível não basta, visto que a curvatura do espaço e do tempo era decerto uma idéia inconcebível quando Newton propôs o conceito de gravidade. A menos que neguemos até a possibilidade de um mecanismo qualquer, não devemos descartar um conceito simplesmente porque ignoramos o dele.

A Explosão Populacional

Já se argumentou que o aumento populacional anula a reencarnação como possibilidade. Segundo esse raciocínio, o aumento do número de seres humanos nos tempos modernos significa que todas as pessoas atualmente vivas não podem ter reencarnado várias vezes porque a população hoje é muito maior que outrora. Várias objeções minam esse argumento. Em primeiro lugar, a reencarnação não tem que acontecer para todos. Alguns talvez renasçam por causa de "assuntos pendentes" em vidas pregressas, devido ao tipo de morte ou por algum outro fator, enquanto outros não renascem nunca. Certas pessoas de hoje viveram outras vidas e outras não. Também é possível que mais pessoas estejam sendo criadas — portanto, repetimos, mesmo que todas tenham vidas múltiplas, algumas atualmente no mundo já as tiveram, enquanto outras estão aqui pela primeira vez. Em todas essas situações, o número de pessoas vivas em qualquer época seria irrelevante.

David Bishai, da Johns Hopkins School of Public Health, mostrou que nem precisamos desses cenários para explicar a reencarnação frente ao crescimento populacional. Ele examinou a questão de quantos seres humanos já viveram na Terra. Aí são necessárias estimativas, é claro, pois não sabemos muita coisa sobre a densidade da população humana nos tempos antigos e temos de decidir quais de nossos ancestrais podem ser considerados seres humanos. O Dr. Bishai cita um cálculo onde a data inicial para a existência humana é 50.000 a.C. e estima que 105 bilhões de seres humanos viveram na Terra. Uma vez que o crescimento populacional deverá ser de cerca de 10 bilhões de pessoas no final deste século, o número de seres humanos no passado é certamente grande o bastante para permitir a reencarnação. O Dr. Bishai esclarece que a média de tempo entre vidas deveria ser encurtada para acomodar o aumento populacional. Não temos razão alguma, decerto, para pensar que a média de tempo entre vidas teria de permanecer constante, portanto o crescimento populacional não desmente a reencarnação.

Mal de Alzheimer

Outro argumento é que a perda de memória e personalidade, devida à deterioração cerebral provocada pelo mal de Alzheimer, mostra que um cérebro intacto é necessário para a manifestação da consciência. Se lembranças e traços da personalidade não conseguem sobreviver à destruição parcial do cérebro, seguramente não conseguirão sobreviver à morte. Examinando o problema, devemos reconhecer por certo que a pessoa necessita de um cérebro intacto para expressar lembranças e personalidade, mas isso não significa necessariamente que o cérebro produza tais coisas. William James estudou esse fenômeno no final do século XVIII, em relação à questão geral da vida após a morte. Ele sugeriu que o cérebro, longe de produzir pensamentos, na verdade os enseja ou transmite. Em sua teoria da transmissão, James comparou o cérebro a um vidro colorido que decompõe e limita a cor da luz que o atravessa, embora ele próprio não a produza. Salientou que, se a consciência depende do cérebro para manifestar-se no mundo natural, essa dependência seria inteiramente compatível com a possibilidade de ela persistir sobrenaturalmente após o fim da vida. Afirmou que, quando o cérebro decai ou pára de funcionar por completo, o fluxo de consciência a ele associado desaparece do mundo natural, mas a "esfera do ser" que alimenta essa consciência ainda pode ficar intacta.

Ignoro se James aprovaria a analogia que se segue, mas podemos levar em conta aqui o exemplo moderno da televisão. Se o seu televisor queima, o fluxo de imagens que ele fornecia já não está presente para você se distrair; mas, como apenas transmitia as imagens sem criá-las, os programas de televisão continuam a existir até você encontrar outro aparelho para trazer aquelas imagens à vida em sua casa. De igual modo, a consciência que se expressa no mundo natural por intermédio de um cérebro persiste após o cérebro decair ou morrer, podendo então ligar-se a outro cérebro, a um novo transmissor, mais tarde.

Embora essa linha de raciocínio não prove que tal fenômeno realmente aconteça, James observou que a idéia segundo a qual o cérebro engendra a consciência a partir do nada não é em si mais simples ou verossímil do que qualquer outra teoria, como a de um órgão a transmitir consciência. De fato, a ciência fez tão pouco progresso hoje na alocação da consciência ao cérebro quanto nos tempos de James, há cem anos.

Outro "argumento" de algumas pessoas contra a reencarnação é que a idéia é simplesmente absurda. Bem, o ridículo não condiz com uma discussão racional. O importante é determinar o que, na reencarnação, a torna absurda. Acredito ter encarado as mais vigorosas críticas científicas e lógicas à reencarnação e não vejo motivo para repeli-la.

Objeções Religiosas

Na outra extremidade do espectro, algumas pessoas se opõem à idéia de reencarnação porque ela entra em choque com as suas crenças religiosas. Enfrentar semelhante objeção de uma maneira científica não é possível, pois não se trata de uma objeção científica, embora ainda assim mereça ser considerada. Os que a colocam tendem a cultivar crenças judeu-cristãs, por isso vamos nos deter no exame dessas religiões.

Embora a reencarnação não faça parte da doutrina judeu-cristã ortodoxa, alguns adeptos desta a têm aceitado. Muitas pessoas hoje, no Ocidente, acreditam nela por conta própria e certos grupos a incorporaram em suas crenças. No judaísmo, a Cabala acolhe a reencarnação, que também integra o sistema de crenças judaicas hassídicas. Grupos de cristãos antigos, particularmente os gnósticos, acreditavam na reencarnação e alguns cristãos do sul da Europa faziam o mesmo até o Segundo Concílio de Constantinopla, em 553 d.C. Não se sabe ao certo o que aconteceu durante esse encontro, mas parece que alguns líderes da Igreja condenaram ali a idéia da existência de almas antes da concepção.

A Bíblia, no Novo Testamento, contém passagens que parecem aludir à reencarnação. Em Mateus 11:10-14 e 17:10-13, Jesus afirma que João Batista é o profeta Elias, que vivera séculos antes, e não é de crer que esteja falando metaforicamente. Alguns observam, em resposta a isso, que de acordo com o Velho Testamento Elias não morreu, mas subiu ao céu num remoinho de vento, de sorte que voltou ao mundo e não renasceu. O evangelho de Lucas contradiz essa linha de raciocínio ao descrever o nascimento do Batista, que começou a vida como bebê e não como um profeta maduro de regresso à Terra.

Outra possível alusão à reencarnação ocorre quando os discípulos perguntam a Jesus, em João 9:2, se certo homem havia nascido cego em conseqüência de seus pecados ou dos de seus pais. Isso implica, obviamente, pensarem que o homem teve uma oportunidade de pecar antes de nascer. Respondendo, Jesus não repele essa possibilidade, mas afirma que o homem havia nascido cego para que as obras de Deus se manifestassem nele e em seguida cura-lhe a cegueira.

Afora essas passagens específicas, devemos nos perguntar se a reencarnação entra em conflito com as doutrinas judeu-cristãs em geral. A existência da reencarnação significaria que não logramos compreender plenamente a vida após a morte. Também outros problemas religiosos não são claros. A Bíblia está aberta a múltiplas interpretações, como se percebe pelas diferentes posturas das diversas seitas. A Bíblia, por certo, não apregoa o conceito da reencarnação, mas isso não significa que a reencarnação necessariamente entre em choque com o que está na Bíblia. De fato, não entra necessariamente em choque sequer com os conceitos de céu e inferno, visto que aqueles que acreditam na reencarnação, incluídos certos grupos muçulmanos xiitas, crêem que o Juízo Final ocorrerá após uma série de vidas, quando então Deus enviará as almas para o céu ou para o inferno com base na qualidade moral de suas ações durante todas as suas existências anteriores.

Além disso, a doutrina da reencarnação decerto não contradiz o valor atribuído ao amor e à caridade pelas religiões judeu-cristãs, como por todas as grandes seitas do mundo. Ela nada faz para mudar a idéia segundo a qual viver uma vida dedicada e ética é importante, trate-se de uma ou de muitas existências.

Em suma, passamos em revista várias críticas à reencarnação e vimos que nenhuma certeza frente à impossibilidade do fenômeno se justifica. Examinamos certas objeções — por exemplo, as alegações de que não há provas da sobrevivência após a morte e de que o crescimento populacional inviabiliza a reencarnação — e descobrimos que elas não se sustentam. Vimos ainda que nenhuma das outras críticas justifica ignorar os indícios que a amparam. Nenhuma delas diz que acreditar na possibilidade da reencarnação é o mesmo que acreditar que 1 = 2. Não temos um motivo adequado para rejeitar o conceito e os trabalhos feitos nesse terreno. Como escreveu Carl Sagan, precisamos estudar a sério as provas que esse trabalho produziu.

CAPÍTULO 10

Conclusões e Especulações

Revendo as possíveis explicações do fenômeno, diremos que a melhor explicação normal, nos casos de marcas e defeitos de nascença, é a coincidência para as marcas e a memória falha dos informantes para as declarações que as crianças fazem. Nos casos que envolvem primariamente declarações da criança, o conhecimento adquirido por meios normais pode ser alegado quando a personalidade anterior era um membro da família do sujeito ou viveu na mesma aldeia. A memória falha seria a melhor explicação para os demais casos. Isso porém não basta, é claro, nos casos registrados por escrito, contendo as declarações da criança antes de a personalidade anterior ser identificada; teremos então de recorrer à fraude como um meio de explicá-los. As melhores explicações normais para os comportamentos de uma vida pregressa exibidos pelas crianças são a fantasia combinada com a coincidência e a memória falha dos informantes, mas as duas têm pontos fracos. Enfim, nos casos de reconhecimentos feitos pelas crianças, podemos usar a memória falha dos informantes para esclarecer muitos deles, mas de novo só nos restará a fraude como a única explicação normal possível para os testes de reconhecimento controlados.

Dado que a memória falha dos informantes fornece a melhor explicação normal para muitos casos, quero apresentar aqui dois estudos que investigaram tal possibilidade. No primeiro, o Dr. Stevenson e o Dr. Keil compararam relatórios que as famílias elaboraram sobre casos em diferentes épocas. O estudo teve início quando o Dr. Keil revisou por alto vários episódios que o Dr. Stevenson havia investigado vinte anos antes. Depois, já agora com empenho, ele retomou outros dos primeiros casos do Dr. Stevenson, até completar quinze. Fez isso a fim de constatar se os relatórios das famílias haviam sido exagerados com o tempo. Afinal, a idéia toda por trás da possibilidade de memória falha dos informantes é que os pais creditam aos filhos um conhecimento mais específico sobre as vidas passadas do que eles de fato revelaram antes do encontro das duas famílias. Por isso o Dr. Keil quis saber se as declarações se afastaram dos relatos iniciais que as famílias confiaram ao Dr. Stevenson.

Ao entrevistar as famílias, o Dr. Keil não sabia quais informações elas haviam prestado originalmente ao Dr. Stevenson. Mesmo depois de se entregar consciosamente ao reexame dos casos, só dispunha dos nomes e endereços dos sujeitos que o Dr. Stevenson tinha investigado há muitos anos. Foi então ao encontro das famílias e tomou notas das novas entrevistas que fez com elas. Completada a pesquisa, ele e o Dr. Stevenson compararam as informações que ambos haviam obtido anos antes. Considerando-se o tempo decorrido, as investigações não se revelaram idênticas e, em alguns casos, as pessoas entrevistadas pelo Dr. Keil não eram as mesmas que o Dr. Stevenson tinha conhecido vinte anos antes.

Comparando as informações que um e outro haviam colhido, o Dr. Keil e o Dr. Stevenson descobriram que em apenas um caso houve exageros com base nas palavras das testemunhas: a família do sujeito mencionou ao Dr. Keil um incidente que não havia comunicado ao Dr. Stevenson, envolvendo a descoberta, por parte do sujeito, de uma colher que a personalidade anterior, irmão falecido da criança, mantinha fechada numa gaveta em local inacessível.

Em três outros casos a essência dos relatos permaneceu basicamente a mesma. Alguns detalhes diferiam de um relato para outro, mas no todo nenhum se tornou mais forte ou mais fraco com o tempo. Os relatos dos outros onze casos na verdade haviam enfraquecido quando o Dr. Keil entrevistou as famílias. Isso ocorreu porque os informantes forneceram menos detalhes do que haviam fornecido ao Dr. Stevenson anos antes. Fato bastante lógico, é claro, pois geralmente os detalhes vão nos escapando com o passar do tempo; mas, nessa circunstância, é um dado importante. Ele mostra que os casos não se avolumam na mente das pessoas à medida que os anos correm — na verdade, aqueles diminuíram de proporções. Como vimos, alguns casos incluem traços que nos tentam a concluir que as testemunhas estão evocando incorretamente declarações ou acontecimentos. O mencionado estudo não dá nenhum apoio a essa conclusão.

O Dr. Sybo Schouten e o Dr. Stevenson empreenderam o outro estudo do problema. Compararam casos nos quais se fizeram registros escritos das declarações das crianças antes do encontro das famílias com casos que não tinham tais registros. Queriam testar a hipótese de os pais exagerarem as declarações do filho sobre a personalidade anterior antes de as famílias se conhecerem. Achavam que, se isso fosse verdade, os casos em que registros escritos documentavam as palavras autênticas das crianças antes do encontro das famílias incluiriam menos declarações, e menos corretas, do que os casos sem registro.

Uma vez que os casos com registros escritos provinham sobretudo da Índia e do Sri Lanka, os doutores Schouten e Stevenson examinaram todos os investigados nesses dois países, nos quais o número de declarações corretas e incorretas havia sido determinado e anotado. Chegou-se então a 21 casos lançados por escrito antes do encontro das famílias e a 82 sem documentação. A seguir, os dois grupos foram comparados e o que os médicos descobriram os deixou surpresos. A média de declarações nos casos com registros escritos chegava a 25 1/2, enquanto nos casos sem registro baixava a 18 1/2. A porcentagem de declarações corretas era essencialmente a mesma nos dois grupos: 76,7% nos casos com registros escritos e 78,4% nos outros.

Assim, as descobertas do estudo são o oposto do que esperaríamos se, por causa de memória falha, os informantes estivessem creditando aos filhos declarações em maior número (e mais corretas) do que eles realmente prestaram antes do encontro das famílias. Nos casos sem documentação escrita, atribuíam às crianças menos declarações, presumivelmente por terem esquecido algumas, já que ninguém se deu o trabalho de registrá-las. Como salientam os doutores Schouten e Stevenson, as descobertas mostram que, se os pais atribuem aos filhos mais conhecimento sobre a vida pregressa do que eles de fato revelavam antes do encontro das famílias, não o fazem a ponto de afetar os dados de uma maneira mensurável.

Esse estudo condiz bem com os resultados do anterior pelo fato de indicar que os relatos dos casos se tornam menos detalhados com o correr do tempo, visto que os informantes, quando não há registros escritos, evocam menos declarações do que quando os há. Isso está de acordo com as conclusões dos doutores Stevenson e Keil, segundo as quais muitos casos se enfraquecem com o tempo. Tomados em conjunto, esses dois estudos realmente lançam dúvida sobre a tese de que a principal origem dos casos é o fato de as testemunhas evocarem as declarações das crianças sobre vidas passadas como sendo mais impressionantes do que de fato foram. Desse modo, esperaríamos que os relatos se robustecessem com o tempo, com as lembranças das testemunhas tornando-se menos acuradas, quando na verdade eles freqüentemente se tornam mais fracos. Assim também, esperaríamos que os casos com documentação escrita do que as crianças de fato disseram apresentassem menos declarações, e menos corretas, quando na verdade trazem mais declarações e a mesma porcentagem de corretas.

Dado que a memória falha dos informantes constitui a explicação corriqueira para muitos dos casos, ficamos sem um meio sólido de explicá-los por vias normais. Sem dúvida, conforme já vimos, nenhuma explicação normal única pode dar conta dos diferentes tipos de casos, mas duvidar por completo da tese mais comum é um sério desafio.

Ora, como nenhuma explicação consegue, por si só, abranger todos os casos, o único modo viável a esta altura de explicá-los por meios normais é dizer que um processo normal engendra cada caso com certa imperfeição, e diferentes processos são responsáveis por casos diferentes. Considerando isso, temos de notar primeiro que não existe nenhum caso perfeito. A perfeição quase nunca é encontrada em ciência — quando um estudo médico é realizado, sempre alguém consegue encontrar uma maneira de criticá-lo ou de duvidar de suas descobertas. Isso é particularmente verdadeiro no estudo de fenômenos espontâneos, que não acontecem em laboratório, onde podemos controlar todas as condições para chegar ao resultado mais claro possível. Eles acontecem, isso sim, no mundo real das condições fora de controle. Alguns fenômenos se dão na natureza e não podem ser reproduzidos em laboratório; e, se os acharmos suficientemente merecedores de estudo, teremos de aceitar essas limitações.

Portanto, reconhecemos que nenhum dos casos aqui tratados é perfeito. Frente a essas imperfeições, somos levados a supor que um grupo de pais desonestos aqui, uma coincidência ali, uma conversa sobre a vida passada em frente a uma criança ou a má memória acolá explicam cada caso e, juntos, deverão explicar também todos.

Essa explicação será satisfatória? Num dado caso talvez pensemos, por exemplo, que a coincidência é bastante improvável, mas ainda assim possível. Se recorrermos a semelhante raciocínio para explicar todos os 2.500 casos, estaremos levando o improvável a extremos. Após certo tempo, esmiuçar algum defeito concebível em cada caso começa a parecer ignorar a floresta pelas árvores. Se recuarmos um pouco e contemplarmos esse fenômeno geral como um todo, veremos um padrão de eventos notáveis. Embora os casos sejam apenas evidências e não "provas" de um processo paranormal, quando consideramos a fraqueza das explicações normais, não creio que elas possam explicar adequadamente os casos mais contundentes em conjunto. Creio que falham nisso e, portanto, devemos nos voltar para as possibilidades paranormais e verificar se conseguem oferecer uma explicação melhor.

Ao examinar os diferentes tipos de casos como um todo, a reencarnação proporciona uma explicação bem mais direta do que a PES ou a possessão. Ela dá conta com facilidade de todos os casos, enquanto as outras não, e é certamente uma tese mais óbvia que essas duas. A questão é determinar se os casos fornecem evidências suficientes de um processo paranormal para que favoreçamos a reencarnação em detrimento das explicações normais.

O Dr. Stevenson escreveu ter ficado persuadido de que "a reencarnação é a melhor, embora não a única, explicação para os casos de maior impacto que investigamos". Para ser um pouco mais conservador, eu diria que a melhor explicação para os casos mais intrigantes é que lembranças, emoções e mesmo danos físicos podem às vezes transitar de uma vida para outra. Se é isso o que entendemos por reencarnação, então a minha conclusão é a mesma do Dr. Stevenson; mas desde que, como ele escreveu também, quase nada sabemos sobre reencarnação, prefiro empregar a terminologia mais específica.

Embora essa talvez pareça uma declaração espantosa — de que lembranças, emoções e danos físicos podem às vezes transitar de uma vida para outra —, a evidência, creio eu, nos arrasta para tal conclusão. Ela não é, de resto, mais espantosa do que muitas das idéias correntemente aceitas em física pareciam na época em que foram propostas, e, como a evidência nos conduziu nesse rumo, temos de levá-lo em conta. Sei muito bem que posso estar errado — como escreveu o Dr. Stevenson, essa é a melhor explicação para os casos, porém não a única —, mas os céticos podem estar também, quer o admitam ou não. Embora os céticos tenham obviamente outro ponto de vista, a idéia de reencarnação e trânsito de uma vida para outra parece ser a conclusão mais aceitável, com base na evidência, que nossa pesquisa produziu ao longo dos últimos quarenta anos. E se isso significa que devemos questionar alguns de nossos pressupostos materialistas sobre como o mundo funciona, então que seja.

Na tentativa de entender o problema, tenhamos em mente que alguns médicos hoje vêem a consciência como uma entidade separada do cérebro e com importantes funções no universo. A observação consciente, pelo menos, parece capaz de afetar o futuro e até o passado no mundo quântico microscópico. Ora, se a consciência é de fato uma parte importante do universo — se o físico Andrei Linde, de Stanford, está correto ao sustentar ser inconcebível uma teoria geral consistente que ignore a consciência —, então o mundo é um lugar bem mais complexo e extraordinário do que o seu lado físico nos mostra no cotidiano.

Em física, os conceitos da relatividade e da mecânica quântica já nos provaram que o universo tal qual o entendemos vulgarmente está muito distante do que a nossa experiência corriqueira nos diz a seu respeito. Do mesmo modo, a maioria das pessoas só se dá conta da sua própria consciência e processa essa percepção com os seus cérebros individuais. Isso as impede de aceitar plenamente a evidência de que a consciência é, no universo, um fator para além daquilo que parece estar ocorrendo em suas cabeças. Se a consciência é uma parte importante do universo, devemos nos perguntar se podemos decidir logicamente que ela não passa de um subproduto do cérebro em ação. Se a observação consciente é capaz de determinar o caminho percorrido por uma partícula de luz há bilhões de anos, como propôs John Wheeler, fará sentido concluir que a consciência se desenvolveu apenas como condição temporária do funcionamento de um cérebro humano? Penso que não. Teremos por força de admitir que um elemento fundamental do universo, se a consciência for isso mesmo, existe separadamente de nossos pequeninos cérebros aqui da Terra. Ainda que, segundo a experiência cotidiana, a nossa consciência comece quando nascemos e termine quando morremos, uma alternativa razoável é que o cérebro atua como veículo para a consciência enquanto estamos vivos e que essa consciência existia antes de nosso nascimento, podendo portanto persistir após a nossa morte até encontrar outro veículo em outro corpo.

A evidência, em nossos casos, ampara essa idéia e, no resto do capítulo, trabalharemos a partir do ponto de vista de que, se ela é verdadeira, então vale a pena examinar o que os casos nos podem dizer a respeito da reencarnação. Ao fazê-lo, seremos forçados a especular bastante, mas tenhamos em mente que o mundo da consciência talvez opere de maneira muito diversa do universo físico. Portanto, quaisquer conclusões a que chegarmos com respeito à reencarnação serão experimentais nesta altura. Mas temos algumas questões fascinantes a explorar.

Todos Reencarnam?

Quando vislumbramos alguma evidência da reencarnação, uma das reações é indagar de que modo ela nos pode afetar individualmente. Sem dúvida, todos gostaríamos de ver de novo os nossos entes queridos que faleceram. Pensemos nas emoções que a mãe de Patrick Christenson deve ter sentido ao concluir que o seu primeiro filho, morto pequenino, havia voltado para ela. Perdas desse tipo são, é claro, desoladoras e todos ficaríamos confortados ao saber que elas não são permanentes.

Infelizmente, convém lembrar, o que é verdadeiro para as crianças com recordações de vidas passadas talvez não seja verdadeiro para o resto de nós. Essas crianças podem constituir um grupo à parte: reencarnaram, mas ninguém mais reencarnou. Por exemplo, teriam questões em suspenso que as mantinham ligadas às suas experiências terrenas, por isso voltaram, ao contrário das outras. A situação lembra as histórias de casas mal-assombradas a que, segundo se diz, o fantasma fica preso por causa de uma morte violenta ou coisa semelhante. Conforme já discuti, 70% das personalidades anteriores morreram de meios não-naturais (nos casos em que o tipo de morte foi determinado) e, é claro, muitas das que tiveram morte natural também morreram de repente. Isso sugere que uma morte violenta ou súbita tem mais probabilidade de produzir um caso futuro de criança com lembranças de uma vida pregressa do que outros tipos de óbito. Uma morte assim talvez seja um dos fatores que levem os nossos sujeitos a manter com a Terra vínculos que fazem deles exceções à regra normal. Após a morte, a consciência se fundiria com uma consciência universal mais vasta ou passaria a outro plano de existência — o paraíso, por exemplo. Pelo que sabemos, a tradicional visão judeu-cristã da vida após a morte pode de um modo geral estar correta, ainda que os nossos casos sejam exemplos autênticos de reencarnação.

Por outro lado, a reencarnação poderia ocorrer normalmente, mas sem lembranças trazidas da vida passada. Nesse caso, todos tivemos vidas pregressas embora a maioria não se lembre. Se isso for verdade, então o processo usual sofreria uma ruptura, ou devido a um fator da vida passada, como morte súbita, ou a um fator da vida futura. Isso faria com que certas lembranças se manifestassem na nova existência — portanto, ainda que todos reencarnem, os nossos casos são inusitados devido à presença das lembranças.

Os casos não revelam qual possibilidade é a mais viável, se fora do comum são as vidas pregressas ou apenas as suas lembranças, embora sugiram que a reencarnação ocorre em determinadas circunstâncias. Todos gostaríamos de ver os nossos mortos queridos voltar para nós ou de voltar nós próprios para eles depois de morrer — mas os casos não provam que a reencarnação seja universal. Eles indicam a *possibilidade* de reencarnarmos sob certas circunstâncias — o que é decerto um achado significativo —, mas não informam se isso acontece a todos nós.

Ainda que todos reencarnássemos, os padrões que observamos nos casos onde há lembranças talvez não se apliquem aos outros. O tipo de morte ou algum outro fator podem alterar o processo normal a fim de engendrar padrões consistentes com a persistência da memória. Por exemplo, as crianças com recordações de uma vida passada talvez estejam mais ligadas a determinado lugar que as outras. Tais crianças tendem a reencarnar perto de onde a personalidade anterior viveu, enquanto as demais, que reencarnam sem lembranças, não se vêem sujeitas a essa coerção. De igual modo, as crianças que descrevem um local onde estiveram durante anos entre as duas vidas talvez não sejam como todas as que reencarnam. Devemos ter em mente que outras diferenças podem ocorrer também entre os casos de crianças que conservam lembranças e os das que reencarnam sem elas.

Nos Casos de Reencarnação, o que Reencarna?

A despeito dessas reservas, cumpre continuar examinando os casos de perto para descobrir o que eles nos informam sobre a vida após a morte. Eis uma pergunta: se os casos são mesmo exemplos de reencarnação, o que exatamente reencarna? Por eles se vê que lembranças, emoções e traumas físicos podem passar a uma vida futura. Falei de consciência persistente, mas esse não é um termo muito específico. Outros que costumam ser empregados, como "alma" e "corpo astral", apresentam conotações que talvez não achemos precisas. Por esse motivo, o Dr. Stevenson cunhou o termo "psicóforo", derivado do grego que significa "condutor da alma", a fim de descrever o veículo responsável pelo transporte das lembranças após o falecimento.

Essa entidade, o psicóforo ou consciência, parece ser capaz de obter informações novas, com base nos casos nos quais crianças descrevem acontecimentos ocorridos depois da morte da personalidade anterior. Poderíamos nos perguntar de que modo a entidade o faz, uma vez que não tem órgãos sensoriais como olhos e ouvidos. A resposta seria que ela obtém a informação por meios paranormais. Isso lembra os relatos de pacientes que tiveram experiências de quase-morte: eles descrevem eventos presenciados de cima do corpo. E também se coaduna com outros estudos de parapsicologia, segundo os quais algumas pessoas conseguem obter conhecimento que não obteriam por meio dos órgãos dos sentidos. Chegam, pois, ao conhecimento por meios paranormais e, embora não saibamos que meios sejam esses, se a pessoa consegue fazê-lo em vida, então podemos presumir logicamente que a sua consciência o fará caso sobreviva à morte.

Apesar de, para nós, a reencarnação significar comumente que uma entidade transita de uma vida para outra, alguns budistas, particularmente os theravada, dizem que as coisas não se passam assim. A sua doutrina do *anatta*, "não-alma", perceitua que não existe nenhum "eu" e, portanto, nenhuma entidade que passe de uma vida para outra. Por ocasião da morte de uma personalidade, nasce uma nova, mais ou menos como a chama expirante de uma vela acende outra. Ocorre, sim, continuidade entre personalidades, porque as forças kármicas que a personalidade anterior pôs em ação forçam o nascimento subseqüente; mas nenhuma identidade persiste. Dado que não sou propriamente um estudioso do budismo, confesso ter dificuldade em aceitar ou mesmo compreender por inteiro esse conceito. Posso entretanto garantir que, a despeito dessa doutrina, muitos budistas praticantes na verdade acreditam que uma entidade real às vezes renasce.

Conforme observa o Dr. Stevenson, os nossos casos decerto sugerem que algum veículo transportou recordações persistentes para a próxima vida. Algo mais que emoções e lembranças parece ter sobrevivido. Já dissemos que marcas de nascença podem surgir quando a consciência está tão traumatizada por lesões em uma vida pregressa a ponto de forçar o feto em desenvolvimento a exibir sinais semelhantes no novo corpo. Acho difícil imaginar um tal processo sem que *alguma coisa*, quer a chamemos de consciência, psicóforo ou outra palavra qualquer, transporte as lesões para a próxima vida. Embora alguns budistas sem dúvida discordem, os nossos casos implicam que uma entidade, à qual dou o nome de consciência, pode passar de uma vida para outra.

A possibilidade de um trauma físico influir na consciência de modo a gerar marcas no feto em desenvolvimento implica que essa consciência pode afetar também o corpo físico. Isso nos reconduz à discussão do dualismo no Capítulo 9 e à questão de saber se pensamentos imateriais influem sobre o mundo material, no caso o feto em desenvolvimento. Parece que sim. Os casos, além disso, mostram que a própria mente às vezes é afetada por acontecimentos traumáticos. Vimos, no Capítulo 4, pacientes que passaram a exibir marcas físicas ao reviver traumas sob hipnose. Os episódios de reencarnação indicam que tais efeitos podem mesmo se manifestar na próxima vida. Os traumas "machucariam" a consciência fazendo com que os ferimentos reaparecessem no novo corpo.

Os efeitos duradouros do trauma talvez pareçam estranhos a princípio, até nos darmos conta do modo como os acontecimentos traumáticos costumam afetar a mente nesta vida. Pessoas com trauma emocional ou físico sério às vezes desenvolvem stress pós-traumático no qual exibem sintomas físicos ou emocionais anos depois de sua ocorrência. Não devemos, pois, nos surpreender ante a possibilidade de esses traumas passarem com a consciência para a próxima vida, sob a forma de cicatrizes ou fobias. Gostaríamos que todas as nossas dificuldades passadas cessassem com a morte; mas os casos aqui estudados sugerem que isso não acontece.

O "Quando" e o "Como" da Reencarnação

Indaguemos agora se a consciência sobrevivente tem algum controle sobre o "quando" e o "como" do seu renascimento. Em muitos casos, as crianças asseguraram que escolheram os seus próximos pais. Nos casos da Ásia, falam às vezes de ter visto um dos futuros pais e decidido segui-lo até a casa a fim de se juntarem à família. Nos casos da América, as crianças dizem ter estado no céu e ali escolhido de quem iriam renascer. Embora essas histórias não possam obviamente ser verificadas, algumas das originárias da Ásia o foram pelo menos em parte porque o pai havia estado na área descrita pela criança ao tempo da concepção.

Em outros casos, quando vemos a criança se queixar amargamente de sua família, podemos concluir que não há nenhum indício de ela a ter escolhido. Dado que a maioria das crianças nunca relata lembranças do período entre vidas, não sabemos se estiveram envolvidas ou não numa tomada de decisão. Pode ser que sim, mas não se recordam. Não dispomos de meios de saber ao certo, porém, frente à variedade de casos, se é possível que algumas pessoas escolham os seus pais ou lugar de renascimento e outras, não.

Isso levanta a questão maior de saber se alguém, afinal, toma decisões no processo de reencarnação. Se a consciência individual não decide quando irá renascer, quem decide: guias, anjos ou deuses? Ou tudo ocorre de maneira normal, sem nenhuma tomada consciente de decisão? Os diversos sistemas de crenças têm diferentes concepções sobre como a pessoa passa para a próxima vida. Embora alguns de nossos sujeitos falem de guias encaminhando-os para a família atual, a maioria não diz nada sobre o período entre vidas, de modo que nossos casos na verdade esclarecem muito pouco essa importante questão.

Seguindo essa mesma linha, cabe examinar especificamente o local dos renascimentos. Uma conclusão a tirar dos casos é que o lugar onde ocorre o renascimento, ao menos em situações nas quais a criança conserva lembranças da vida pregressa, não é aleatório. A grande maioria das crianças relata vidas anteriores no mesmo país da atual e muitas alegam ter vivido na mesma aldeia e até no seio da mesma família. Que pensar disso? Uma possibilidade é que coerções geográficas determinem o local onde a consciência poderá renascer. Embora a idéia de que a consciência fica limitada a uma pequena área pareça estranha, condiz com histórias de crianças permanecendo num certo lugar, o local onde a personalidade anterior faleceu, por exemplo, até avistarem um de seus futuros pais.

Sinto-me mais propenso a acreditar que a consciência é atraída para determinadas áreas por causa de vínculos emocionais com elas. Muitos de nós nos identificamos fortemente com um país, portanto é mais provável que renasçamos nele. Além disso, as pessoas podem apegar-se emocionalmente a certos lugares e sentir-se motivadas a retornar para lá. Mais importante ainda, os laços de uma pessoa com outras podem desempenhar um papel altamente significativo em termos do local de renascimento. Nos casos de mesma família, as crianças talvez renasçam em seu seio devido à continuidade de uma forte conexão emocional. Sobretudo quando a personalidade anterior foi uma criança morta muito jovem, a consciência individual pode estar ainda muito ligada à família e sente-se por isso movida a renascer nela. O mecanismo disso é, naturalmente, um mistério, mas posso imaginar uma força emocional, no mundo da consciência, que chamaria pessoas para determinados lugares ou famílias com uma atração quase magnética.

Os casos em que crianças relatam vidas passadas em outros países lançam talvez alguma luz sobre o problema. Nesses casos, os sujeitos dizem geralmente que morreram em sua vida pregressa no país onde hoje vivem, sendo exemplo disso as crianças birmanesas que afirmam ter sido soldados japoneses mortos na Birmânia durante a Segunda Guerra Mundial. Muitas delas expressam o anseio de voltar para o Japão, como se estivessem aprisionadas na Birmânia depois de ali morrerem. Ignoramos se semelhante cativeiro é devido a limitações geográficas ou a vínculos emocionais. Seus atos como soldados, muitos dos quais se mostraram bastante duros para com o povo birmanês, podem ter gerado uma conexão emocional indissolúvel que os obrigou a permanecer no país durante a vida seguinte.

Quer a explicação seja geográfica ou emocional, a nosso ver esses casos mostram que as pessoas às vezes continuam a manter laços com uma existência já finda. Não sabemos se essa é uma verdade geral ou só se aplica a episódios onde se observam lembranças preservadas; mas os casos revelam que, em determinadas situações, os vínculos persistem na próxima vida. Em se tratando das crianças birmanesas que relatam lembranças de soldados japoneses, preserva-se um laço tanto com a Birmânia quanto com o Japão, pois elas nasceram em um país, mas ainda anseiam pelo outro.

A Questão do Karma

O conceito de karma faz parte de várias religiões que acreditam na reencarnação, notadamente o hinduísmo e o budismo. Inclui, nos vários sistemas religiosos, diversas sutilezas que não nos cabe discutir aqui, mas, em geral, trata-se da crença em que os atos da pessoa lhe determinam as circunstâncias futuras. Isso implica a idéia de que ações em vidas passadas afetam as circunstâncias da pessoa na atual. Uma interpretação dos casos birmaneses-japoneses acima citados é que as suas agressões ao povo da Birmânia obrigaram aquelas crianças a renascer como cidadãos locais.

De um modo geral, os nossos casos fornecem algum indício em favor da existência do karma? Antes de responder à pergunta, devo salientar que, pelo conceito de karma, as circunstâncias da pessoa nesta vida devem-se não só a atos praticados na última existência, mas também a tudo o que se fez em qualquer das vidas anteriores, de modo que precisar os efeitos apenas da última é difícil.

Examinei o banco de dados do nosso computador para ver se algumas características da personalidade anterior se adequariam às circunstâncias nas quais o sujeito nasceu. Especificamente, contemplei os seguintes itens sobre a personalidade anterior — PA era santo? Era criminoso? PA cometeu transgressões morais? PA tinha espírito filantrópico ou generoso? PA era ativo na observância religiosa? — a fim de descobrir se algum desses itens combinava com a situação econômica, o *status* social ou a casta da pessoa, nos casos indianos. Ao fazer isso, sei que deveríamos considerar um filho de pais amorosos e atentos, mas pobres, como nascido em circunstâncias positivas, mas cabe ao menos pensar que tais circunstâncias incluiriam mais provavelmente uma condição econômica superior.

Quando visualizei os testes de correlação, somente uma das características da personalidade anterior revelou-se pertinente às circunstâncias do sujeito. A santidade da personalidade anterior condizia de perto com a situação financeira do sujeito e mostrava uma correlação significativa com a sua posição social. Isso significa que, quanto mais santa tiver sido considerada a personalidade anterior, mais elevado será o *status* econômico e social da criança. A santidade não se correlaciona à casta do sujeito nos casos da Índia e nenhuma das outras características da personalidade anterior tem algo a ver com as circunstâncias do sujeito. Devemos, pois, concluir que as correlações exibidas pelo item santidade não passam de uma falha estatística e temos pouca evidência de que o karma das vidas anteriores afeta as circunstâncias do renascimento.

Outro fator a contrariar os efeitos do karma é o que mencionei no Capítulo 4. Os casos de marcas e defeitos de nascença envolvem lesões parecidas com as que as crianças se lembram de terem sofrido nas vidas anteriores. Se acharmos que o karma é responsável por esses sinais, então seria de esperar que lembrassem ferimentos infligidos pelas personalidades anteriores a outras pessoas, não os que elas próprias sofreram. Uma vez que não é esse o caso, temos de reconhecer que marcas e defeitos de nascença não dão suporte à idéia de efeitos kármicos.

Repitamos: a doutrina do karma é complexa e, embora possa explicar as descobertas vistas neste livro, cabe concluir que os nossos casos oferecem pouquíssimas evidências que a confirmem.

Emoções Persistentes

Examinando mais a fundo os possíveis vínculos emocionais, talvez preferíssemos pensar que o amor e os sentimentos positivos que damos a outras pessoas podem durar mais que uma única existência — e os casos realmente nos dão esperança de que assim seja. Não apenas marcas de nascença e fobias ocorrem nesses casos como as crianças também continuam a expressar amor pela família anterior. O amor perdura.

Isso parece sobretudo evidente nos casos da mesma família. William, o garoto do Capítulo 1, assegurou que sempre cuidaria da mãe, tal qual o seu avô disse a ela. Patrick Christenson, o menino do Capítulo 4 que exibia várias marcas de nascença, discorreu sobre como tinha deixado a mãe ao final da curta vida do seu primeiro filho e agora mantinha com ela um relacionamento estreito. Tais exemplos revelam que o amor pode sobreviver à morte e transportar-se para a próxima vida.

Abby Swanson, no Capítulo 3, garantia ter sido a sua bisavó. Se estiver certa, então voltou num relacionamento com a mãe bem diverso do da vida pregressa, quando foi avó dela. Passar de avó a filha é uma grande mudança, mas ainda assim espelha o que pode freqüentemente acontecer numa única existência, quando pais vêm a depender de filhos que antes dependiam deles. Talvez a questão de quem está cuidando de quem não seja tão importante quanto a conexão que as pessoas partilham. Semelhante conexão pode se manter ao longo das existências.

Essa idéia não é apenas confortadora: talvez seja verdadeira também, se acreditarmos na evidência de muitos de nossos casos. A idéia da conexão emocional, mas não dos papéis, persistindo de vida para vida poderá afetar o modo como os pais vêem os filhos, pois sugere que precisam discipliná-los, não como déspotas, mas como guias numa viagem comum. Os filhos têm de ser considerados parceiros iguais na jornada da vida e não criaturas inferiores, embora sejam parceiros necessitados de orientação e da sensação de segurança proporcionada pelo controle dos pais.

Talvez a bisavó tenha resolvido voltar para a mãe de Abby a fim de prosseguirem juntas a sua viagem. Agora os papéis são diferentes e a mãe de Abby precisará ensinar-lhe muitas coisas. Ao fim, quem sabe, ela aprenderá tanto do relacionamento com Abby quanto Abby de suas lições.

Quando o renascimento não ocorre na mesma família, a conexão persistente ou pelo menos a saudade que ela gera podem constituir um problema na nova vida. Muitas crianças revelam intenso conflito emocional por achar que estão sendo mantidas longe de seus verdadeiros pais. Isso quase sempre cessa quando as crianças ficam mais velhas, mas às vezes é um sentimento muito forte enquanto dura. Conforme observei no Capítulo 6, muitos dos pais asiáticos acatam respeitosamente o que seus filhos dizem sobre vidas pregressas, pois em geral acreditam neles; mas também deixam claro aos filhos que a existência atual é diferente da outra. Infelizmente, às vezes enfatizam demais esse ponto e alguns empregam métodos muito duros para fazer com que as crianças deixem de falar sobre a vida passada.

No entanto, talvez isso seja melhor a longo prazo do que enfatizar o elo com a existência anterior. Relacionamentos do passado estão no passado e nada ganhamos insistindo nas vidas pregressas em detrimento da atual. Algumas crianças, decerto, sofrem bastante por querer retomar os relacionamentos que evocam de existências anteriores, o que sem dúvida afeta as suas interações com os pais atuais. De igual modo, alguns adultos às vezes se apegam tanto à possibilidade de vidas passadas que negligenciam as experiências da de hoje. Sem dúvida, esse não é o melhor caminho a tomar. Embora a consciência da possibilidade da reencarnação possa induzir as pessoas a apreciar melhor os aspectos espirituais da vida e o lado espiritual dos semelhantes, elas não devem se concentrar demais nas possíveis existências anteriores.

Nessa mesma linha, algumas pessoas se submetem à regressão hipnótica para tentar descobrir suas vidas passadas. Ainda que lucrassem com isso, não se sabe ao certo se a regressão hipnótica funciona em tal caso. Muitos hipnotizadores podem colocar os pacientes sob hipnose e induzi-los a evocar lembranças aparentes do passado, não raro com inúmeros detalhes e forte emoção. O problema é verificar se essas "lembranças" correspondem mesmo a acontecimentos reais. Em muitos casos, o sujeito parece se lembrar de uma vida em tempos antigos, e determinar se ela de fato ocorreu é impossível. Em outros, o relato do sujeito inclui absurdos históricos. Não bastasse isso, alguns sujeitos lembram detalhes que depois se descobre provirem de outra fonte, como um livro que leram há muitos anos e esqueceram completamente.

No Capítulo 8, discuti casos nos quais a hipnose produziu resultados espantosos, mas infelizmente ela é um instrumento muito pouco confiável, quer seja usada para resgatar lembranças desta ou de uma outra vida. A hipnose pode recuperar lembranças notáveis desta vida, mas produzir também material fantasioso. Sob hipnose, a mente tende a preencher lacunas. Se pedirem que a pessoa forneça detalhes dos quais não se lembra, a mente em geral sugere outros. Feito isso, a pessoa quase sempre tem muita dificuldade para distinguir lembranças verdadeiras das fantasiosas.

Isso não quer dizer que todos os casos de regressão hipnótica a vidas passadas sejam destituídos de valor. Afinal, se algumas crianças pequenas podem conservar lembranças de vidas anteriores, reza a lógica que alguns adultos também consigam resgatar tais lembranças por meio da hipnose, como conseguem evocar recordações da primeira infância. Ainda assim, a grande maioria dos casos não revela nenhum indício em apoio da idéia segundo a qual as imagens vistas sob hipnose são mesmo de uma vida pregressa. Como escreveu Alan Gauld, embora alguns casos de impacto possam ser detectados, "parecem um tão ínfimo resíduo sólido de um tão grande dilúvio de tolices divertidas, mas dúbias, que andaria mal quem se dispusesse a desperdiçar uma vida inteira na tentativa de induzi-las".

Um Conselho aos Pais

Muitos pais nos consultam quanto à maneira de lidar com as declarações dos filhos sobre vidas passadas. Embora cada caso apresente diferenças individuais, creio poder oferecer uma orientação geral que, espero, seja útil. Em primeiro lugar, os pais precisam saber que essas declarações não significam distúrbios mentais. Conversamos com inúmeras famílias em que uma criança alegava recordar-se de outros pais, outra casa ou uma morte prévia e essas crianças raramente exibiam algum problema de saúde mental.

Vários estudos se ocuparam dessa questão. Eu mesmo completei recentemente um deles com um colega, o Dr. Don Nidiffer, no qual examinamos os resultados de testes psicológicos com quinze jovens americanos. Na ocasião dos testes, eles tinham de três a seis anos e percebemos que em geral eram muito inteligentes. Examinando as escalas que mediam comportamentos problemáticos, vimos que as médias estavam todas dentro dos parâmetros normais, não havendo nenhum indício de danos psicológicos.

Esses resultados eram similares aos obtidos por Erlendur Haraldsson e seus colegas com sujeitos em outros países. No Sri Lanka, os sujeitos também se saíam muito bem na escola, mas apresentavam alguns problemas comportamentais leves em casa. Igualmente significativo, não pareciam mais sugestionáveis que as outras crianças, o que desmente a tese de que alegavam lembranças de uma vida pregressa porque outras pessoas sugeriram para elas. No Líbano, as crianças também não revelaram quaisquer sintomas clínicos relevantes, embora costumassem fantasiar muito. Os testes provaram de novo que os sujeitos não eram particularmente sugestionáveis. De um modo geral, todas as crianças parecem estar bem.

Quando uma criança fala de uma vida passada, os pais quase nunca sabem o que responder. Aconselhamos que prestem muita atenção ao que os filhos estão dizendo. Algumas crianças se emocionam muito ao lidar com esses problemas e os pais deveriam ouvi-las respeitosamente, como o fazem com outros assuntos a que elas se referem.

Ao ouvi-las falar de uma outra vida, os pais não devem fazer muitas perguntas diretas. Isso pode perturbar a criança e, mais importante do nosso ponto de vista, levá-la a fabricar respostas. Então, separar lembranças de fantasias se torna difícil ou impossível. Fazer perguntas genéricas, sem respostas definidas como "Lembra-se de algo mais?", é ótimo e revela empatia com as palavras da criança. "Isso deve ter sido assustador", quando por exemplo a criança fala de um acidente fatal, também é ótimo.

Nós aconselhamos aos pais que registrem por escrito quaisquer declarações dos filhos sobre vidas passadas. Isso é sobretudo importante nos casos em que as crianças fornecem informação suficiente para identificar uma pessoa falecida. Numa situação assim, registrar as declarações logo no início será crucial para se obter os melhores indícios de que a criança realmente se recordava de fatos de uma vida pregressa.

Ao mesmo tempo, os pais não devem envolver-se com as declarações a ponto de eles próprios e os filhos perderem de vista o fato de que a vida atual é agora mais importante. Se as crianças insistirem em dizer que anseiam pela antiga família e o antigo lar, explicar a elas que a sua família atual é a que terão durante esta vida pode ajudar. Os pais precisam reconhecer e valorizar o que os filhos lhes dizem, mas sempre deixando claro que a vida passada ficou no passado.

Às vezes, os pais se mostram mais perturbados ao ouvir as declarações do que os filhos. Escutar uma criança descrever a experiência de morrer de uma maneira dolorosa ou difícil não é nada agradável, mas os pais e o filho devem ter em mente que ele agora está seguro. Alguns pais talvez se sintam confortados ao saber que grande parte dessas crianças param de falar em vidas anteriores quando chegam à idade de cinco a sete anos. Como já mencionei, só em raras ocasiões as lembranças persistem na adolescência ou na maturidade e, mesmo assim, costumam ser menos intensas do que foram na infância. Em muitos casos, quando as crianças ficam mais velhas, nem mesmo se lembram de ter falado alguma vez sobre vidas pregressas.

De um modo geral, os pais acham essas lembranças de existências anteriores mais impressionantes do que os filhos, para quem elas são simplesmente parte de sua própria experiência de vida. As crianças, então, esquecem as recordações e passam a ter uma infância normal.

Especulações de Natureza Espiritual

Os nossos casos contribuem para evidenciar que a consciência é capaz de sobreviver à morte pelo menos em algumas situações e essa parece seguramente uma descoberta bem mais importante do que quaisquer outras, de caráter específico, que pudéssemos discernir. Quer isso dizer que cada um de nós é algo mais que um corpo físico. Temos também uma consciência apta a sobreviver à extinção desse corpo. Se mudarmos a terminologia, substituindo consciência por espírito, diremos então que todos possuímos um componente espiritual tanto quanto um corpo físico.

E se concluirmos que cada pessoa que conhecemos é um ser ao mesmo tempo espiritual e físico, poderíamos usar esse conhecimento para modificar a maneira com que nos tratamos uns aos outros? A resposta talvez fosse sim, mas um monge, Swami Muklyananda, disse certa vez ao Dr. Stevenson: "Nós, na Índia, sabemos que a reencarnação ocorre. Isso, porém, não faz diferença: temos aqui tantos trapaceiros e malfeitores quanto vocês, no Ocidente." O Dr. Stevenson ressalta que, embora isso provavelmente esteja correto no geral, a crença na reencarnação pode sem dúvida fazer uma diferença para a pessoa que aceita todas as implicações da doutrina.

Eu mesmo espero que a consciência de termos um componente espiritual, merecedor de tanta atenção e cuidados quanto a contraparte física, faça essa diferença. O enfoque excessivo no físico decerto nos impede de descobrir que atitudes tomar para desenvolver o lado espiritual, tornando-nos também mais agressivos e egoístas nos contatos com os semelhantes. Seguramente, aprenderíamos a ser menos materialistas caso soubéssemos que um mundo espiritual mais vasto se abre para nós. Aceitar por inteiro que todos somos seres espirituais exige, é claro, algo mais que apenas tomar conhecimento de pesquisas sobre reencarnação; contudo, esse conhecimento por si só é capaz de permitir às pessoas explorar meios de viver uma vida mais espiritualizada.

Outra questão a examinar: se aqueles de nós que não se recordam de vidas anteriores reencarnam, então alguns problemas emocionais podem acompanhar-nos ainda que tal não aconteça com as lembranças. Os bebês nascem com temperamentos diversos e diferentes reações emocionais ao que lhes acontece. Isso leva os biólogos a indagar até que ponto os genes afetam as nossas emoções, mas podemos nos perguntar se no processo não está envolvida também uma consciência ou lado espiritual que transporta emoções de vidas passadas. Sendo assim, isso implica que dispomos de múltiplas existências para resolver problemas emocionais difíceis. Embora a idéia de carregar bagagem emocional de uma vida para outra possa parecer desagradável, a perspectiva de ter mais de uma para lidar com essa bagagem sugere também que talvez estejamos capacitados a resolver mais problemas do que se supõe. O conceito de reencarnação é atraente para muitas pessoas por causa da possibilidade de, vivendo muitas vidas, acumularem sabedoria, tornando-se mais afetuosas e pacíficas no decorrer do processo. Posto que não devemos esperar perfeição nem mesmo depois de uma série de existências, sem dúvida ficaremos mais perto dela caso tenhamos mais de uma vida para fazer progressos.

Com o risco de parecer filosóficos, podemos ir adiante e especular que semelhante raciocínio sugere também a eventualidade de uma mudança de propósito na passagem de uma vida para a próxima. Poderíamos então encontrar não um único "significado da vida", mas diferentes objetivos em cada uma. Uma pessoa tem de encarar problemas emocionais muito diferentes dos de outra, por isso vemos algumas satisfeitas em investir toda a sua energia no relacionamento com os entes queridos. Outras se mostram felizes por estar sozinhas, procurando apenas firmar-se no mundo dos negócios. Talvez todos nós nos percamos ao tratar de diferentes aspectos do nosso ser, até encontrarmos o caminho certo. A idéia segundo a qual podemos tirar da vida pelo menos uma experiência, sem precisar obter tudo de uma só vez, é certamente tranqüilizadora, mas a parte difícil para muitas pessoas consiste em desenvolver um senso de propósito qualquer na vida. Eis uma tarefa que temos de enfrentar, quer vivamos uma ou muitas existências, mas ela parecerá menos formidável se concluirmos que desenvolver um senso de propósito num aspecto da vida basta por enquanto. Não precisamos participar de todos os tipos de experiências ou sucessos numa vida para que ela tenha valor.

Pesquisas Futuras

Mesmo depois de quarenta anos de pesquisa, o nosso trabalho aqui está longe de ter sido completado. Pretendo continuar examinando de preferência os casos americanos de lembranças de vidas pregressas. Graças a estudos voltados para determinados aspectos dos casos, espero que, com mais pessoas inteiradas dos nossos esforços, consigamos concluir as pesquisas de casos americanos em maior número e de maior impacto. Se, nos Estados Unidos, pudermos estudar casos tão impressionantes quanto os melhores da Ásia, então será difícil para o público negar-se a considerar o trabalho. Tem sido difícil encontrar casos por aqui, mas continuo acreditando que, num futuro próximo, reuniremos deles uma coleção tão bem-documentada a ponto de nos permitir responder com segurança à pergunta sobre se algumas crianças são mesmo capazes de recordar vidas passadas.

Talvez disponhamos também, no futuro, de outro instrumento para ajudar a responder à pergunta. Inúmeros pesquisadores vêm examinando como o cérebro funciona ao evocar lembranças reais em comparação com lembranças falsas — ou seja, coisas que as pessoas julgam ter acontecido, mas não aconteceram. O trabalho ainda está na fase preliminar. Mostram-se às pessoas listas de palavras. Escolhe-se uma palavra e pergunta-se a elas se essa palavra estava na lista anterior. Às vezes, elas pensam se lembrar de tê-la visto na lista, quando na verdade não a viram. Têm, portanto, uma falsa lembrança. Os pesquisadores empreenderam estudos de imagens cerebrais onde avaliam a atividade do cérebro quando as pessoas estão tendo lembranças falsas e comparam-na com a atividade gerada quando estão tendo lembranças verdadeiras: descobriram que diferentes partes do cérebro atuam durante as diferentes recordações. Se essa pesquisa progredir o bastante para que os testes determinem se certas pessoas estão tendo lembranças acuradas de acontecimentos remotos nesta vida, então poderemos usá-la a fim de avaliar também reminiscências de vidas passadas. Isso talvez leve anos, na melhor das hipóteses, mas ainda assim é uma possibilidade intrigante.

Se estabelecermos, ao menos para nossa satisfação pessoal, que algumas crianças de fato conseguem recordar eventos de vidas pregressas, estaremos aptos a explorar mais a fundo as questões suscitadas neste capítulo. Gostaríamos muito de aprender mais a respeito do processo de reencarnação, se é que ele ocorre, e espero que esse conhecimento venha a capacitar as pessoas a operar mudanças positivas na vida.

Outro trabalho está em curso no Departamento de Estudos da Personalidade da Universidade da Virgínia. O Dr. Bruce Greyson, atualmente diretor do departamento, concentra-se sobretudo nas experiências de quase-morte. Num de seus estudos corriqueiros, ele instala um computador portátil na parede de um quarto do hospital onde os pacientes tiveram implantados desfibriladores cardíacos. Dado que arritmias do coração, potencialmente fatais, são induzidas nos pacientes durante o processo, o Dr. Greyson tenta descobrir se algum deles terá uma experiência de quase-morte e será capaz de descrever a tela de descanso exibida no computador ao longo do procedimento.

A Dra. Emily Kelly conduz pesquisas sobre toda uma variedade de experiências inusitadas, incluindo aparições e visões à beira do leito de morte. Atualmente, faz com médiuns um estudo no qual eles citam mensagens de pessoas mortas e supostamente ansiosas por comunicá-las a voluntários que perderam entes queridos; os médiuns devem fazer o relato sem obter nenhuma informação dos voluntários. Na verdade, nunca chegam sequer a vê-los ou a falar com eles. Se apresentam informação acurada, sabemos que não a deduziram de nada que os voluntários tenham dito ou feito.

Esses estudos são fascinantes e bom seria se continuássemos a fazer progressos na consideração da possibilidade de sobrevivência após a morte. O Departamento de Estudos da Personalidade ainda depende de donativos para financiar boa parte de suas atividades diárias. Quando o dinheiro é suficiente, o departamento consegue levar adiante mais projetos de pesquisa; nos tempos magros, atividades e pessoal têm de sofrer cortes. O Estado da Virgínia não contribui para os trabalhos do departamento e a generosidade de pessoas como Chester Carlson e outras, lado a lado com fundações privadas que fizeram doações substanciais, é o que tornou possível a pesquisa. Esperamos ser suficientemente afortunados para dar seqüência ao trabalho e mesmo expandi-lo no âmbito dessa interessantíssima questão que é a da vida após a morte.

Considerações Finais

Se pudermos algum dia dar uma resposta definitiva à pergunta sobre se sobrevivemos à morte, não me restarão dúvidas de que este trabalho com crianças pequenas terá sido parte importante da solução. Desse modo, veremos que os menores e mais jovens de nós possuem sabedoria para compartilhar com os outros — talvez sejam "almas velhas" em corpos novos. Se somos todos criaturas espirituais, devemos aprender a tratar os nossos semelhantes com o respeito que isso implica — e tratar crianças respeitosamente pressupõe ouvi-las. Assim como os meninos e meninas deste livro podem ter um importante conhecimento a dividir conosco, outros também o terão caso estejamos prontos a escutar esses pequenos companheiros de viagem na surpreendente estrada da vida.

Da boca das crianças...

NOTA DO AUTOR

Gostaria de saber, dos pais de crianças que relataram lembranças de uma vida anterior, se estariam dispostos a ser entrevistados com respeito às suas experiências. O nosso endereço eletrônico é DOPS@virginia.edu e o nosso endereço postal é

Division of Personality Studies
University of Virginia Health System
P.O. Box 800152
Charlottesville, VA 22908-0152

Todos os casos serão tratados confidencialmente, pois sempre preservamos as identidades das famílias em quaisquer relatos que publicamos.

AGRADECIMENTOS

Antes de mais, quero agradecer ao Dr. Stevenson, cujo trabalho proporcionou as bases para a maior parte deste livro. Ele tem sido um pioneiro inspirador e um mestre maravilhoso. Deu-me a oportunidade de investigar esse campo, apesar da minha inexperiência em pesquisa, e nunca deixou de oferecer apoio e encorajamento aos meus esforços. Os seus livros também foram uma fonte importante para a elaboração do meu. Em particular, considero o seu exame do trabalho empreendido, *Children Who Remember Previous Lives*, muitíssimo proveitoso.

Sou igualmente grato às famílias que cooperaram com a nossa pesquisa. Elas não só se mostraram tolerantes frente às nossas inúmeras perguntas como foram bastante hospitaleiras, não se importando com o tempo que lhes tomávamos. De igual modo, os nossos intérpretes em diversos países se revelaram inestimáveis, mantendo sempre uma atitude positiva apesar dos longos dias de trabalho e viagem. Quero agradecer também aos outros pesquisadores do campo, cujos casos estão incluídos tanto nas estatísticas gerais que cito quanto, às vezes, nos relatórios individuais. São eles: Erlendur Haraldsson, Jürgen Keil, Antonia Mills e Satwant Pasricha. Sou também muito grato a Carol Bowman, que nos comunicou diversos casos consignados no livro, e à Bial Foundation, doadora dos fundos que financiaram boa parte das investigações nos Estados Unidos.

Agradeço também à minha agente literária, Patricia Van der Leun, que em pouquíssimo tempo encontrou uma editora para mim, e à minha revisora, Diane Reverand, a quem devo inúmeras correções no texto. Não bastasse isso, Martha Stockhausen, minha ex-assistente de pesquisa, apresentou diversas sugestões de peso em vários capítulos. Tenho de agradecer também a Raymond Moody, cuja obra clássica sobre experiências de quase-morte, *Life After Life*, inspirou o título do presente livro.

Por fim, sou muito grato à minha esposa, Chris, minha editora não-oficial, minha colega, meu apoio, minha alma gêmea. Embora eu adorasse passar inúmeras existências com ela, já sou extremamente afortunado por partilharmos apenas esta.

NOTAS

Introdução

p. 11. O caso de Kemal Atasoy: Keil e Tucker, 2005.

Capítulo 1: Crianças que Relatam Lembranças de Vidas Anteriores

p. 17. de 20 a 27%: ver Gallup, com Proctor, 1982; Inglehart, Basañez e Moreno, 1998; e as referências de Taylor.

p. 17. e a mesma proporção se dá entre os europeus: Walter e Waterhouse, 1999.

p. 17. uma pesquisa Harris de 2003: Taylor, 2003.

p. 20. fazendo uma predição: Stevenson, 2001, pp. 98-9.

p. 20. ao atual Dalai Lama: Dalai Lama, 1962, pp. 23-4.

p. 20. dos 46 casos: Stevenson, 1966.

p. 20. Victor Vincent: Stevenson, 1974, pp. 259-69.

p. 21. Süleyman Çaper: Stevenson, 1997a, pp. 1429-442.

p. 22. Suzanne Ghanem: o Dr. Stevenson, que investigou o caso de Suzanne Ghanem, não publicou nenhum relatório sobre ele, mas ela aparece nos capítulos 6 e 8 de Shroder, 1999.

p. 25. Parmod Sharma: Stevenson, 1974, pp. 109-27.

p. 25. Shamlinie Prema: Stevenson, 1977a, pp. 15-42.

Capítulo 2: Investigação dos Casos

p. 27. Dr. Ian Stevenson: para maiores informações sobre a carreira do Dr. Stevenson, ver Stevenson, 1989, e Shroder, 1999.

p. 27. "Indícios de Sobrevivência": Stevenson, 1960.

p. 27. "Aqueles 44 casos": Shroder, 1999, p. 103.

p. 29. "com respeito à reencarnação": King, 1975, p. 978.

p. 29: "Ele registrou uma quantidade": ibidem.

p. 29. "um investigador metódico, prudente": Lief, 1977, p. 171.

p. 30. "Ou ele está cometendo": ibidem.

p. 34. o Dr. Keil determinou enfim: Keil e Tucker, 2000.

Capítulo 3: Explicações a Considerar

p. 39. A lista seguinte: para outra discussão sobre as explicações possíveis, ver Capítulo 7 em Stevenson, 2001.

p. 43. Eis o raciocínio: essa chamada hipótese sociopsicológica vem descrita em Stevenson e Samararatne, 1988. Para outra discussão a respeito, ver Brody, 1979.

p. 44. Bishen Chand Kapoor: Stevenson, 1975, pp. 176-205.

p. 47. o volume de pesquisas feitas em parapsicologia: há boas publicações disponíveis, inclusive Radin, 1997.

Capítulo 4: Marcados por Toda a Vida

p. 55. O caso de Chanai Choomalaiwong: Stevenson, 1997a, pp. 300-23.

p. 56. O caso de Necip Ünlütaskiran: Stevenson, 1997a, pp. 430-55.

p. 58. a um ferimento de bala: Hanumant Saxena em Stevenson, 1997a, pp. 455-67.

p. 59. O caso de Indika Ishwara: Stevenson, 1997a, pp. 1970-2000.

p. 62. O caso de Purnima Ekanayake: Haraldsson, 2000.

p. 64. o stress contribui: ver Sternberg, 2000, para um resumo desse tema.

p. 65. em um caso famoso: Moody, 1946.

p. 69. um garoto do Sri Lanka chamado Wijeratne: Stevenson, 1997a, pp. 1366-373.

p. 72. o Dalai Lama escreveu: The Dalai Lama, 1962.

p. 72. O Dr. Stevenson descreve vinte deles: Stevenson, 1997a, pp. 803-79.

p. 72. Jürgen Keil e eu nos deparamos: Tucker e Keil, no prelo.

p. 72. Kloy Matwiset: Tucker e Keil, 2001.

Capítulo 5: Recordando o Passado

p. 79. Sujith Jayaratne: Stevenson, 1977a, pp. 235-80.

p. 82. Dr. James Matlock: Matlock, 1989.

p. 86. O caso de Kumkum Verma: Stevenson, 1975, pp. 206-40.

p. 87. O caso de Jagdish Chandra: Stevenson, 1975, pp. 144-75.

p. 90. O caso de Ratana Wongsombat: Stevenson, 1983, pp. 12-48.

p. 91. O caso de Gamini Jayasena: Stevenson, 1977a, pp. 43-76.

Capítulo 6: Comportamentos Inusitados

p. 102. Sukla Gupta: Stevenson, 1974, pp. 52-67.

p. 102. Maung Aye Kyaw: Stevenson, 1997a, pp. 212-26.

p. 103. Bongkuch Promsin: Stevenson, 1983, pp. 109-39.

p. 103. Experiências de Medo da Morte: o Dr. Stevenson e colegas (Stevenson, Cook e McClean-Rice, 1989-1990) cunharam esse termo para referir-se a experiências de quase-morte ocorridas quando as pessoas receiam morrer, mas na verdade não estão perto da morte física. Aqui, emprego-o em outra acepção, referindo-me aos medos que os sujeitos sentem com relação ao tipo da morte anterior.

p. 103. de fobia associada: para maiores detalhes, ver Stevenson, 1990.

p. 103. Shamlinie Prema: Stevenson, 1977a, pp. 15-42.

p. 104. Jasbir Singh: Stevenson, 1974, pp. 34-52.

p. 105. Ma Tin Aung Myo: Stevenson, 1983, pp. 229-41.

p. 105. Carl Edon: Stevenson, 2003, pp. 67-74. O Dr. Nicholas McLean-Rice investigou o caso juntamente com o Dr. Stevenson.

p. 106. Swaran Lata: Pasricha e Stevenson, 1977.

p. 106. brincadeiras das crianças: para maiores detalhes sobre esse tema, ver Stevenson, 2000.

p. 106. Maung Myint Soe: Stevenson, 1997a, pp. 1403-410.

p. 106. Ramez Shams: Stevenson, 1997a, p. 1406.

p. 107. Em uma sucessão de casos de mudança de sexo: Stevenson, 1997a.

p. 108. as modernas idéias sobre distúrbios de identidade de gênero: há referências no relatório sobre Kloy Matwiset, Tucker e Keil, 2001.

p. 109. Erin Jackson: Stevenson, 2001, pp. 87-9.

p. 111. O caso dos gêmeos Pollock: Stevenson, 1997a, pp. 2041-058, e Stevenson, 2003, pp. 89-93.

p. 113. temperamento: Thomas e Chess, 1984.

p. 114. sofrimento das crianças em outros casos: Stevenson, 2001, p. 217.

p. 115. Bishen Chand Kapoor: Stevenson, 1974, pp. 176-205, e Stevenson, 2001, p. 303.

p. 115. Martha Lorenz: Stevenson, 1974, 183-203.

p. 115: "Emília não está lá no cemitério": Stevenson, 1974, pp. 187, 196.

p. 115: "Não diga isso": Stevenson, 1974, p. 187.

p. 115: o alívio que sobrevém: Stevenson, 2001, p. 281.

Capítulo 7: Reconhecimento de Rostos Familiares

p. 122: Como escreveu o Dr. Stevenson: Stevenson, 2001.

p. 124. O caso de Nazih Al-Danaf: Haraldsson e Abu-Izzeddin, 2002.

p. 127. O caso de Gnanatilleka Baddewithana: Stevenson, 1974, pp. 131-49, e Nissanka, 2001.

p. 131. O caso de Ma Choe Hnin Htet: Stevenson, 1977a, pp. 839-52.

Capítulo 8: Divina Intermissão

p. 140. uma escala que classifica: Tucker, 2000.

p. 140. Poonam Sharma: Sharma e Tucker, 2005.

p. 141: Veer Singh: Stevenson, 1975, pp. 312-36.

p. 142. Bongkuch Promsin: Stevenson, 1983, pp. 102-39.

p. 143. Disna Samarasinghe: Stevenson, 1977a, pp. 77-116.

p. 144. Sunita Khandelwal: Stevenson, 1997a, pp. 468-91.

p. 148. "A maioria dos cientistas provavelmente": Rovee-Collier, 1997, p. 468.

p. 148. duram mais e são mais específicas: Rovee-Collier e Hayne, 2000.

p. 148. "O crescente consenso": Howe, 2000, p. 19.

p. 148. a incapacidade de preservar: Rovee-Collier, Hartshorn e DiRubbo, 1999.

p. 149. um garoto de quase três anos pôde afirmar: Myers, Clifton e Clarkson, 1987.

p. 149. os pesquisadores entrevistaram dez crianças: Fivush, Gray e Fromhoff, 1987.

p. 149. os pesquisadores pediram a mulheres grávidas: DeCasper e Spence, 1986.

p. 150. Num relatório: Cheek, 1992.

p. 150. O Dr. Cheek supôs que: Cheek, 1996.

Capítulo 9: Pontos de Vista Opostos

p. 153. "O problema não é saber": várias versões dessa frase foram atribuídas a diversas pessoas, principalmente a Will Rogers, como Walter Mondale fez num debate em 1984 com Ronald Reagan. O *Respectifully Quoted* da Biblioteca do Congresso (Platt, 1989) considera Josh Billings o autor mais provável.

p. 153. das várias crenças religiosas: Almeder faz essa distinção em Almeder, 1997.

p. 153. "No momento em que escrevo": Sagan, 1996, p. 302.

p. 155. "esse confronto entre": Dennett, 1991, p. 35.

p. 155. "O argumento depende": Stapp, 2005, p. 45.

p. 155. "plenamente compatível": Stapp, 1993, p. 23.

p. 155. mecânica quântica: para um resumo desse tema, ver Greene, 1999.

p. 155. Ele e o físico quântico Friedrich Beck: Eccles, 1994, Capítulo 9.

p. 155. Elizabeth Rauscher e Russell Targ: Rauscher e Targ, 2001, e Rauscher e Targ, 2002.

p. 156. claramente implícita na física teórica: Costa de Beauregard, 1987, p. 569.

p. 156. precognição, telepatia e psicocinese: Costa de Beauregard, 1998.

p. 156. "longe de ser": Costa de Beauregard, 2002, p. 653.
p. 156. "desenvolvimentos que podem": Klarreich, 2001, p. 339.
p. 156. no longo prazo: Josephson e Pallikari-Viras, 1991, p. 199.
p. 156. à importância da consciência: o material desses dois parágrafos vem de Folger, 2002.
p. 157. "Não posso imaginar": ibid, p. 48.
p. 158. "difícil evitar": Radin e Nelson, 1989, p. 1512.
p. 158. Em última análise: Benor, 2002.
p. 158. doença cardíaca: Byrd, 1988, e Harris *et al.*, 1999.
p. 158. AIDS: Sicher *et al.*, 1998.
p. 158. Um exame concluiu: Astin, Harkness e Ernst, 2000.
p. 159. Haverá outro indício: para um breve resumo, ver Stevenson, 1977b.
p. 159. experiências de quase-morte: ver Greyson e Flynn, 1984, e Moody, 1975/2001, para mais experiências desse tipo.
p. 159. Pam Reynolds: Sabom, 1998. Também Broome, 2003.
p. 159. Al Sullivan: Cook *et al.*, 1998.
p. 159. relatos de aparições: Stevenson, 1982.
p. 159. A pesquisa com médiuns: a informação sobre a Sra. Piper e a Sra. Leonard deve-se a Gauld, 1982.
p. 160. estudos recentes: Schwartz (com Simon), 2002.
p. 160. "consiliência": Wilson, 1998, p. 8.
p. 160. "as explicações": Wilson, 1998, p. 53.
p. 161. como cairiam pedras: a citação "Pedras não caem do céu porque no céu não há pedras" é freqüentemente atribuída ao grande químico Antoine Lavoisier, mas não encontrei documentação sólida que o confirme.
p. 161. Ignaz Semmelweis: Lyons e Petrucelli, 1987, e Bender, 1966.
p. 161. "Se acreditarmos na hipótese": placas tectônicas, 2002.
p. 163. David Bishai, 2000.
p. 163. 105 bilhões de seres humanos: o cálculo está em Haub, 1995.
p. 164. William James estudou: James, 1898/1956.
p. 165. Segundo Concílio de Constantinopla: Head e Cranston, 1977, pp. 156-60.

Capítulo 10: Conclusões e Especulações

p. 168. No primeiro: Stevenson e Keil, 2000.
p. 169. Dr. Sybo Schouten: Schouten e Stevenson, 1998.
p. 172. "a reencarnação é a melhor": Stevenson, 2001, p. 254.
p. 172. quase nada sabemos: ibid.

p. 175. "psicóforo": Stevenson, 2001, p. 234.

p. 176: A sua doutrina do *anatta*: essa descrição resume a discussão do Dr. Stevenson sobre *anatta* em Stevenson, 1977a, pp. 3-5.

p. 176. muitos budistas praticantes: Head e Cranston, 1977, pp. 63-6.

p. 183. o sujeito parece se lembrar: Gauld, 1982, pp. 166-71.

p. 183: "parecem um tão ínfimo": Gauld, 1982, p. 171.

p. 184. No Sri Lanka: Haraldsson, 1995; Haraldsson, 1997; Haraldsson, Fowler e Periyannanpillai, 2000.

p. 184. No Líbano: Haraldsson, 2003.

p. 186. "Nós, na Índia": Stevenson, 2001, p. 232.

p. 189. *Da boca das crianças*: Salmos, 8:2.

REFERÊNCIAS BIBLIOGRÁFICAS

Almeder, R. 1997. "A critique of arguments offered against reincarnation". *Journal of Scientific Exploration* 11(4): 499-526.

Astin, J. A., E. Harkness e E. Ernst, 2000. "The efficacy of 'distant healing': A systematic review of randomized trials". *Annals of Internal Medicine* 132(11): 903-10.

Bender, G. A., 1966. *Great moments in medicine*, Detroit: Northwood Institute Press.

Benor, D. J., 2001. *Spiritual healing: Scientific validation of a healing revolution.* Southfield, Mich.: Vision Publications.

Bishai, D., 2000. "Can population growth rule out reincarnation? A model of circular migration". *Journal of Scientific Exploration* 14(3): 411-20.

Bowman, C., 1997. *Children's past lives: How past life memories affect your child.* Nova York: Bantam Books.

Bowman, C., 2001. *Return from heaven: Beloved relatives reincarnated within your family.* Nova York: HarperCollins.

Brody, E. B., 1979. "Review of *Cases of the reincarnation type. Vol. II: Ten cases in Sri Lanka* de Ian Stevenson. *Journal of Nervous and Mental Disease* 167:769-74.

Broome, K. (produtor), 2003, 5 de fevereiro. *The day I died* [programa de televisão]. Londres: BBC Two.

Byrd, R., 1988. "Positive therapeutic effects of intercessory prayer in a coronary care unit population". *Southern Medical Journal* 81(7): 826-29.

Cheek, D. B., 1992. "Are telepathy, clairvoyance and 'hearing' possible in utero? Suggestive evidence as revealed during hypnotic age-regression studies of prenatal memory". *Pre- and Perinatal Psychology Journal* 7(2): 125-37.

Cheek, D. B., 1996. "An interview with David Cheek, M. D. Interview by Michael D. Yapko". *American Journal of Clinical Hypnosis* 39(1): 2-17.

Cook, E. W., B., Greyson e I. Stevenson. 1998. "Do any near-death experiences provide evidence for the survival of human personality after death? Relevant features and illustrative case reports". *Journal of Scientific Exploration* 12(3): 377-406.

Costa de Beauregard, O., 1987. "According to 'physical irreversibility', the 'paranormal' is not de jure suppressed, but is de facto repressed". *Behavioral and Brain Sciences* 10(4): 569-70.

Costa de Beauregard, O., 1998. "The paranormal is not excluded from physics". *Journal of Scientific Exploration* 12(2): 315-20.

Costa de Beauregard, O., 2002. "Wavelike coherence and CPT invariance: Sesames of the Paranormal". *Journal of Scientific Explorations* 16(4): 651-54.

Dalai Lama, 1962. *My land and my people: Autobiography of the Dalai Lama*. Nova York: McGraw-Hill.

DeCasper, A. J. e M. J. Spence, 1986. "Prenatal maternal speech influences newborn's perception of speech sounds". *Infant Behavior and Development* 9(2): 133-50.

Dennett, D. C., 1991. *Consciousness explained.* Boston: Little, Brown.

Eccles, J. C., 1994. *How the self controls its brain*. Berlin: Springer-Verlag.

Fivush, R., J. T. Gray e F. A. Fromhoff, 1987. "Two-year-olds talk about the past". *Cognitive Development* 2: 393-409.

Folger, T., 2002. "Does the universe exist if we're not looking?" *Discover*, junho: 44-8.

Gallup, G. com W. Proctor, 1982. *Adventures in imortality*. Nova York: McGraw-Hill.

Gauld, A., 1982. *Mediumship and survival: A century of investigations*. Londres: William Heinemann.

Greene, B., 1999. *The elegant universe: Superstrings, hidden dimensions, and the quest for the ultimate theory*. Nova York: W. W. Norton.

Greyson, B. e C. P. Flynn, orgs., 1984. *The near-death experience: Problems, prospects, perspectives*. Springfield, Ill.: Charles C. Thomas.

Haraldsson, E., 1995. "Personality and abilities of children claiming previous-life memories". *Journal of Nervous and Mental Disease* 183(7): 445-51.

Haraldsson, E., 1997. "A psychological comparison between ordinary children and those who claim previous-life memories". *Journal of Scientific Exploration* 11(3): 323-35.

Haraldsson, E., 2000. "Birthmarks and claims of previous-life memories: I. The case of Purnima Ekanayake". *Journal of the Society for Psychical Research* 64(858): 16-25.

Haraldsson, E., 2003. "Children who speak of past-life experiences: Is there a psychological explanation?" *Psychology and Psychotherapy: Theory, Research and Practice* 76: 55-67.

Haraldsson, E. e M. Abu-Izzeddin, 2002. "Development of certainty about the correct deceased person in a case of the reincarnation type in Lebanon: The case of Nazih Al-Danaf". *Journal of Scientific Exploration* 16: 363-80.

Haraldsson, E., P. C. Fowler e V. Periyannanpillai, 2000. "Psychological characteristics of children who speak of a previous life: A further field study in Sri Lanka". *Transcultural Psychiatry* 37(4): 525-44.

Harris, W. S., M. Gowda, J. W. Kolb, C. P. Strychacz, J. L. Vacek, P. G. Jones, A. Forker, J. H. O'Keefe e B. D. McCallister, 1999. "A randomized, controlled trial of the effects of remote, intercessory prayer on outcomes in patients admitted to the coronary care unit". *Archives of Internal Medicine* 159(19): 2273-278.

Haub, C., 1995. "How many people have ever lived on earth?" *Population Today* 23(2): 4-5.

Head, J. e S. L. Cranston, 1977. *Reincarnation: The phoenix fire mystery*. Nova York: Julian Press/Crown Publishers.

Howe, M. L., 2000. *The fate of early memories: Developmental science and the retention of childhood experiences*. Washington, D. C.: American Psychological Association.

Inglehart, R., M. Basañez e A. Moreno, 1998. *Human values and beliefs: A cross-cultural sourcebook*. Ann Arbor, Mich.: University of Michigan Press.

James, W., 1898/1956. *Human immortality: Two supposed objections to the doctrine*, 2ª ed. Originalmente publicado em 1898, Boston: Houghton, Mifflin. Reeditado em 1956, como *The will to believe and other essays in popular philosophy and human immortality: Two supposed objections to the doctrine*. Nova York: Dover Publications.

Josephson, B. D. e F. Pallikari-Viras, 1991. "Biological utilization of quantum nonlocality". *Foundations of Physics* 21(2): 197-207.

Keil, H. H. J. e J. B. Tucker, 2000. "An unusual birthmark case thought to be linked to a person who had previously died". *Psychological Reports* 87: 1067-074.

Keil, H. H. J. e J. B. Tucker, 2005. "Children who claim to remember previous lives: Cases with written records made before the previous personality was identified". *Journal of Scientific Exploration* 19: 91-101.

Kling, L. S., 1975. "Reincarnation". *JAMA* 234: 978.

Klarreich, E., 2001. "Stamp booklet has physicists licked". *Nature* 413:339.

Lief, H. I., 1977. "Commentary on Dr. Ian Stevenson's 'The evidence of man's survival after death". *Journal of Nervous and Mental Disease* 165: 171-73.

Lyons A. S. e R. J. Petrucelli, 1987. *Medicine: An illustrated history.* Nova York: Harry N. Abrams.

Matlock, J. G., 1989. "Age and stimulus in past life memory cases: A study of published cases". *Journal of the American Society for Psychical Research* 83: 303-16.

Moody, R. A., 1975/2001. *Life after life: The investigation of a phenomenon — survival of bodily death*, 2ª ed. Nova York: HarperSanFrancisco.

Moody, R. L., 1946. "Bodily changes during abreaction". *Lancet* 2: 934-35.

Myers, N. A., R. K. Clifton e M. G. Clarkson, 1987. "When they were very young: Almost-threes remember two years ago". *Infant Behavior and Development* 10: 123-32.

Nissanka, H. S. S., 2001. *The girl who was reborn: A case-study suggestive of reincarnation.* Colombo, Sri Lanka: S. Godage Brothers.

Pasricha, S. e I. Stevenson, 1977. "Three cases of the reincarnation type in India". *Indian Journal of Psychiatry* 19: 36-42.

Plate tectonics, 2002. Em *The New Encyclopaedia Britannica* (vol. 25, p. 886). Chicago: Enciclopédia Britânica.

Platt, S. (org.), 1989. *Respectifully quoted: A dictionary of quotations requested from the congressional research service.* Washington, D. C.: Library of Congress.

Radin, D., 1997. *The conscious universe: The scientific truth of psychic phenomena.* Nova York: HarperCollins.

Radin, D. I. e R. D. Nelson, 1989. "Evidence for consciousness-related anomalies in random physical systems". *Foundations of Physics* 19(12): 1499-1514.

Rauscher, E. A. e R. Targ, 2001. "The speed of thought: Investigation of a complex space-time metric to describe psychic phenomena". *Journal of Scientific Exploration* 15(3): 331-54.

Rauscher, E. A. e R. Targ, 2002. "Why only four dimensions will not explain the relationship of the perceived and perceiver in precognition". *Journal of Scientific Exploration* 16(4): 655-58.

Rovee-Collier, C., 1997. "Dissociations in infant memory: Rethinking the development of implicit and explicit memory". *Psychological Review* 104: 467-98.

Rovee-Collier, C., K. Hartshorn e M. DiRubbo, 1999. "Long-term maintenance of infant memory". *Developmental Psychobiology* 35: 91-102.

Rovee-Collier, C. e H. Hayne, 2000. "Memory in infancy and early childhood". Em *The Oxford Handbook of Memory*, org. E. Tulving e F. I. M. Craik, 267-82. Nova York: Oxford University Press.

Sabom, M., 1998. *Light and death: One doctor's fascinating account of near-death experiences.* Grand Rapids, Mich.: Zondervan Publishing House.

Sagan, C., 1996. *The demon-haunted world: Science as a candle in the dark.* Nova York: Random House.

Schouten, S. A. e I. Stevenson, 1998. "Does the socio-psychological hypothesis explain cases of the reincarnation type?" *Journal of Nervous and Mental Disease* 186(8): 504-06.

Schwartz, G. E. com W. L. Simon, 2002. *The afterlife experiments: Breakthrough scientific evidence of life after death.* Nova York: Pocket Books.

Sharma, P. e J. B. Tucker, 2005. "Cases of the reincarnation type with memories from the intermission between lives". *Journal of Near-Death Studies* 23(2): 101-18.

Shroder, T., 1999. *Old souls: The scientific evidence for past lives.* Nova York: Simon & Schuster.

Sicher, F., E. Targ, D. Moore e H. S. Smith, 1998. "A randomized double-blind study of the effect of distant healing in a population with advanced AIDS. Report of a small scale study". *Western Journal of Medicine* 169(6): 356-63.

Stapp, H. P., 1993. *Mind, matter, and quantum mechanics.* Berlin: Springer-Verlag.

Stapp, H. P., 2005. *The mindful universe.* http://www-physics.lbl.gov/~stapp/MUA.pdf (acessado em 14 de março de 2005).

Sternberg, E. M., 2000. *The balance within: The science connecting health and emotions.* Nova York: W. H. Freeman.

Stevenson, I., 1960. "The evidence for survival from claimed memories of former incarnations". *Journal of the American Society for Psychical Research* 54: 51-71 e 95-117.

Stevenson, I., 1966. "Cultural patterns in cases suggestive of reincarnation among the Tlingit Indians of Southeastern Alaska". *Journal of the American Society for Psychical Research* 60: 229-43.

Stevenson, I., 1974. *Twenty cases suggestive of reincarnation*, ed. rev. Charlottesville: University Press of Virginia.

Stevenson, I., 1975. *Cases of the reincarnation type, Vol. I: Ten cases in India.* Charlottesville: University Press of Virginia.

Stevenson, I., 1977a. *Cases of the reincarnation type, Vol. II: Ten cases in Sri Lanka.* Charlottesville: University Press of Virginia.

Stevenson, I., 1977b. "Research into the evidence of man's survival after death". *Journal of Nervous and Mental Disease* 165(3): 152-70.

Stevenson, I., 1980. *Cases of the reincarnation type, Vol. III: Twelve cases in Lebanon and Turkey*. Charlottesville: University Press of Virginia.

Stevenson, I., 1982. "The contribution of apparitions to the evidence for survival". *Journal of the American Society for Psychical Research* 76: 341-58.

Stevenson, I., 1983. *Cases of the reincarnation type, Vol. IV: Twelve cases in Thailand and Burma*. Charlottesville, University Press of Virginia.

Stevenson, I., 1989. "Some of my journeys in medicine". *The Flora Levy lecture in the humanities 1989*. Lafayette, La.: University of Southwestern Louisiana. Disponível também *online* em http://www.healthsystem.virginia.edu/personalitystudies/Some-of-My-Journeys-in-Medicine. pdf.

Stevenson, I., 1990. "Phobias in children who claim to remember previous lives". *Journal of Scientific Exploration* 4: 243-54.

Stevenson, I., 1997a. *Reincarnation and biology: A contribution to the etiology of birthmarks and birth defects*. Westport, Conn.: Praeger.

Stevenson, I., 1997b. *Where reincarnation and biology intersect*. Westport, Conn.: Praeger.

Stevenson, I., 2000. "Unusual play in young children who claim to remember previous lives". *Journal of Scientific Exploration* 14: 557-70.

Stevenson, I., 2001. *Children who remember previous lives: A question of reincarnation*, ed. rev. Jefferson, N. C.: McFarland.

Stevenson, I., 2003. *European cases of the reincarnation type*. Jefferson, N. C.: McFarland.

Stevenson, I., E. W. Cook e N. McClean-Rice, 1989-1990. "Are persons reporting 'near-death experiences' really near death? A study of medical records". *Omega* 20(1): 45-54.

Stevenson, I. e J. Keil, 2000. "The stability of assessments of paranormal connections in reincarnation-type cases". *Journal of Scientific Exploration* 14(3): 365-82.

Stevenson, I. e G. Samararatne, 1988. "Three new cases of the reincarnation type in Sri Lanka with written records made before verification". *Journal of Scientific Exploration* 2: 217-38.

Taylor, H., 1998. "Large majority of people believe they will go to heaven; only one in fifty thinks they will go to hell". http://www.harrisinteractive.com/harris_poll/index.asp?PID=167 (acessado em 1° de fevereiro de 2005).

Taylor, H., 2000. "No significant changes in the large majorities who believe in God, heaven, the resurrection, survival of soul, miracles and virgin birth". http://www.harrisinteractive.com/harris_poll/index.asp?PID=112 (acessado em 1° de fevereiro de 2005).

Taylor, H., 2003. "The religious and other beliefs of Americans 2003". http://www.harrisinteractive.com/harris_poll/indez.asp?PID=359 (acessado em 1º de fevereiro de 2005).

Thomas, A. e S. Chess, 1984. "Genesis and evolution of behavioral disorders: from infancy to early adult life". *American Journal of Psychiatry* 141: 1-9.

Tucker, J. B., 2000. "A scale to measure the strength of children's claims of previous lives: Methodology and initial findings". *Journal of Scientific Exploration* 14(4): 571-81.

Tucker, J. B. e H. H. J. Keil, 2001. "Can cultural beliefs cause a gender identity disorder?" *Journal of Psychology & Human Sexuality* 13(2): 21-30.

Tucker, J. B. e H. H. J. Keil, "Experimental birthmarks: New cases of an Asian practice". *International Journal of Parapsychology.*

Walter, T. e H. Waterhouse, 1999. "A very private belief: Reincarnation in contemporary England". *Sociology of Religion* 60(2): 187-97.

Wilson, E. O., 1998. *Consilience: The unity of knowledge.* Nova York: Alfred A. Knopf.